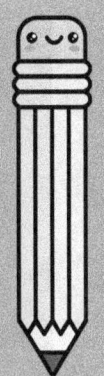

EDIZIONE 2026

COME DISEGNARE
KAWAII
- PROFESSIONI -

PASSO PASSO

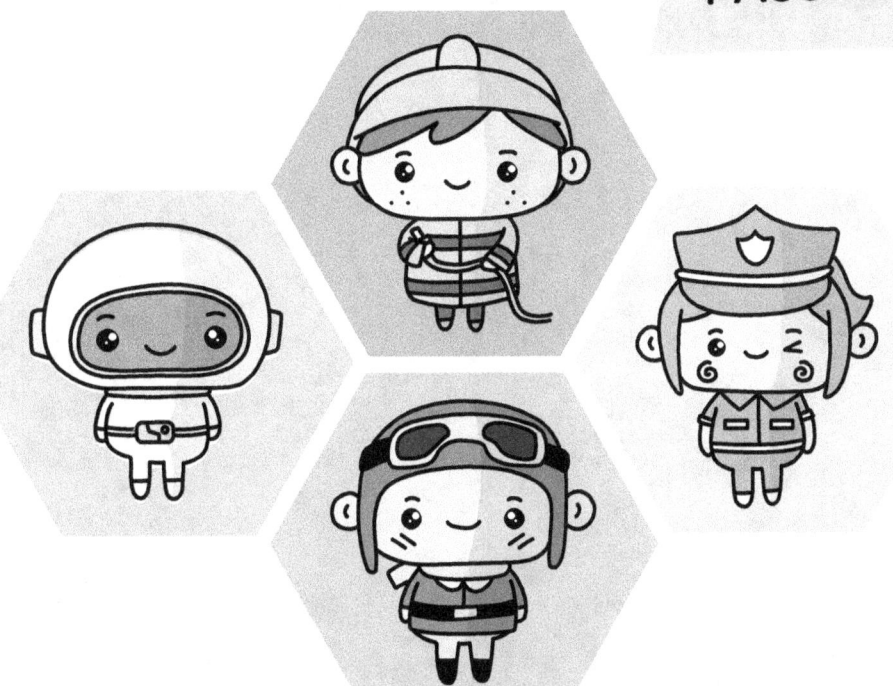

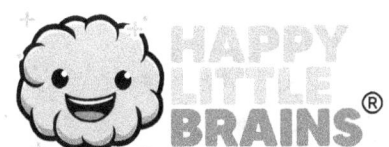

HAPPY
LITTLE
BRAINS®

Questo libro è di:

....

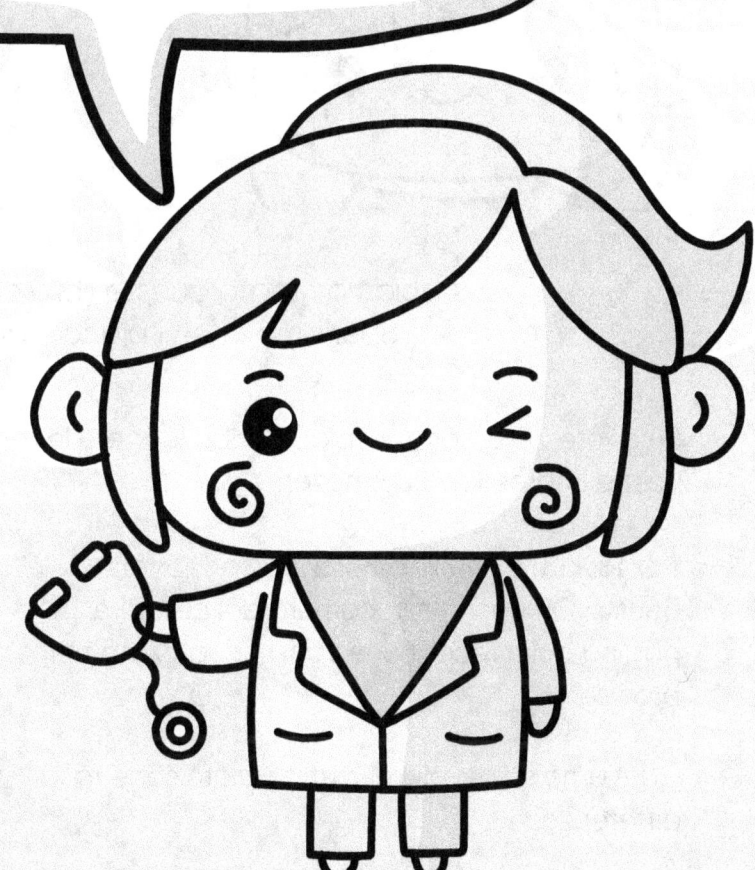

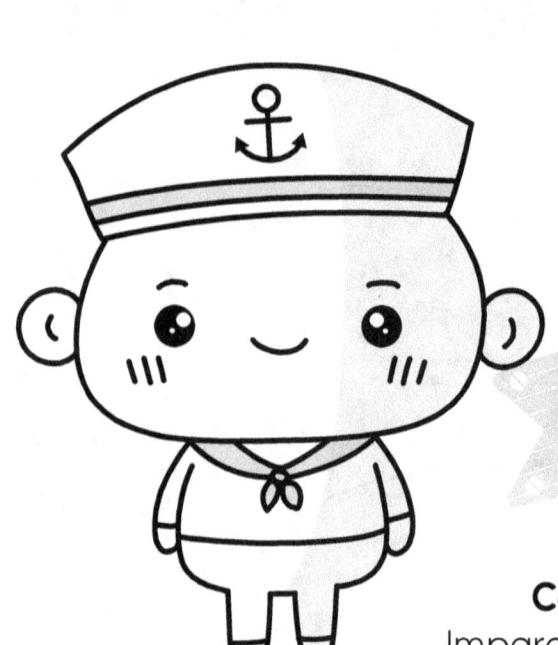

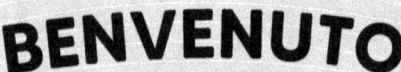

BENVENUTO

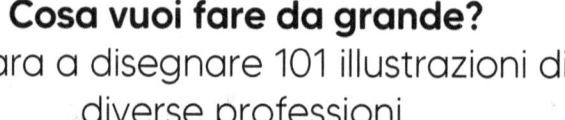

Cosa vuoi fare da grande?
Impara a disegnare 101 illustrazioni di diverse professioni.

Un libro semplice e pratico per divertirsi a giocare a fare di diverse professioni, imparando a **disegnarle passo dopo passo.**

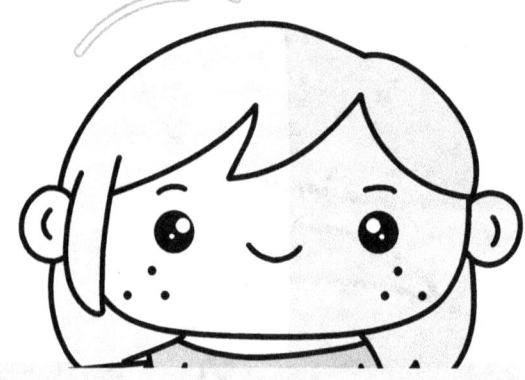

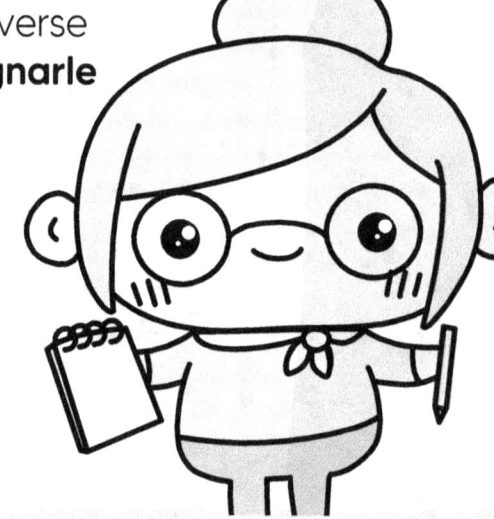

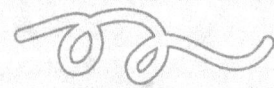 Abbiamo creato questo libro con amore e dedizione. Speriamo che vi piaccia quanto piace a noi.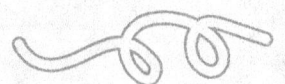

Se avete 30 secondi, ci piacerebbe leggere le vostre impressioni su Amazon.

Per lasciare una recensione, scansionare questo QR con la fotocamera del cellulare. La pagina della recensione verrà visualizzata nel browser.

Contiamo su di voi! La vostra valutazione fa la differenza.

Un grande abbraccio!

SCOPRI L'INTERNO

Colorare ogni illustrazione in questo indice, una volta che avete imparato come si disegna!

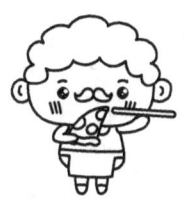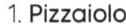
1. Pizzaiolo

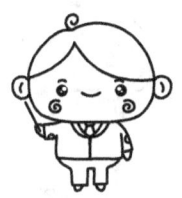
2. Insegnante

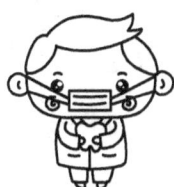
3. Dentista

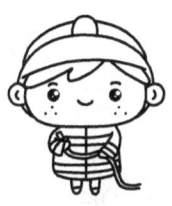
4. Vigile del fuoco

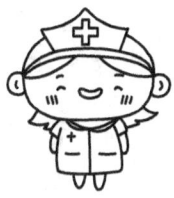
5. Infermiera

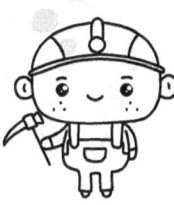
6. Minatore

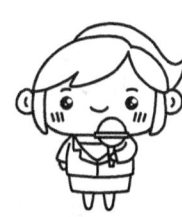
7. Giornalista

8. Falegname

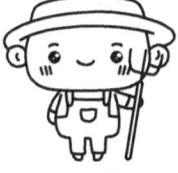
9. Contadino

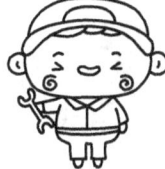
10. Meccanico

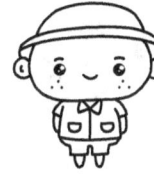
11. Guardiano dello zoo

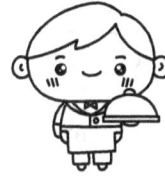
12. Cameriere

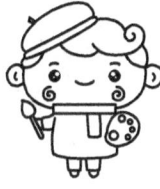
13. Pittore

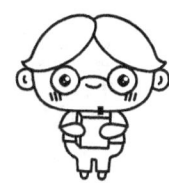
14. Bibliotecario

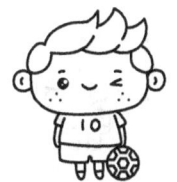
15. Calciatore

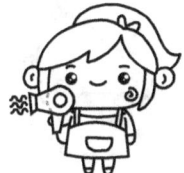
16. Stilista

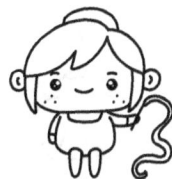
17. Ginnasta

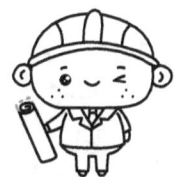
18. Ingegnere civile

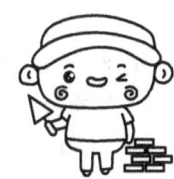
19. Muratore

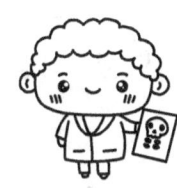
20. Radiologo

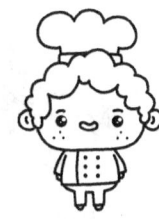
21. Chef

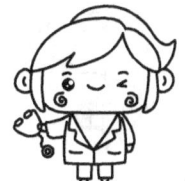
22. Medico

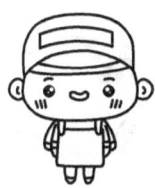
23. Fabbro

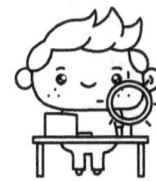
24. Streamer

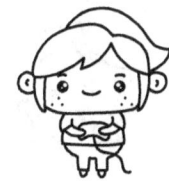
25. Videogiocatrice

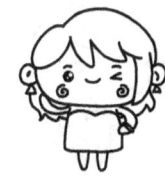
26. Modella

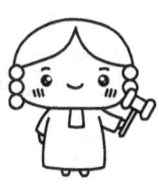
27. Giudice

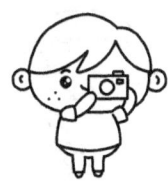
28. Fotografo

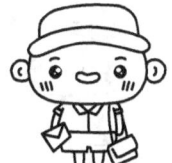
29. Postino

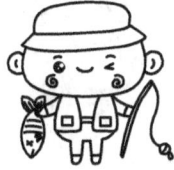
30. Pescatore

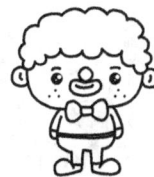
31. Pagliaccio

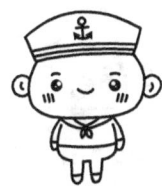
32. Marinaio

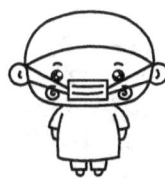
33. Chirurgo

34. Soldato

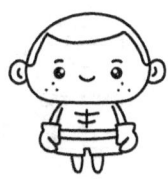
35. Pugile

Queste illustrazioni uniche sono state create a mano, appositamente per questo libro.

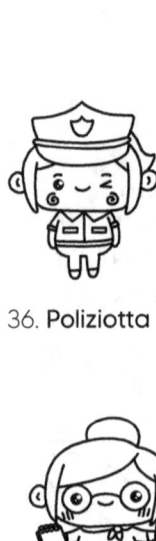

36. **Poliziotta** 37. **Sacerdote** 38. **Mago** 39. **Capitano di nave** 40. **Custode** 41. **Scienziata** 42. **Pubblicitaria**

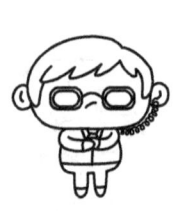 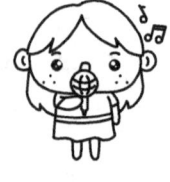 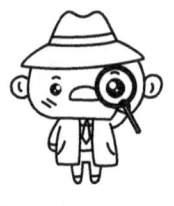 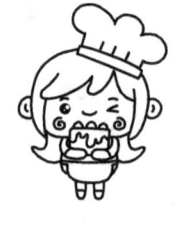 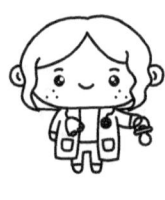 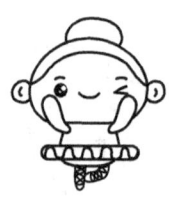 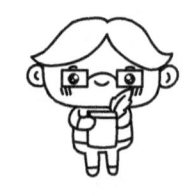

43. **Progettista** 44. **Investitore** 45. **Operaio** 46. **Imbianchino** 47. **Panettiere** 48. **Assistente di eventi** 49. **Astronauta**

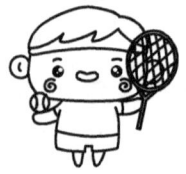 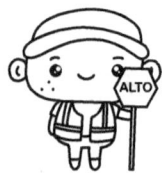 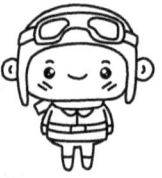 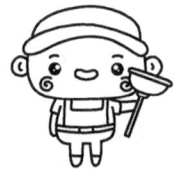 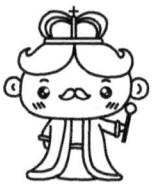 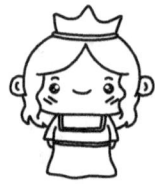

50. **Guardia di sicurezza** 51. **Cantante** 52. **Investigatore** 53. **Pasticcera** 54. **Pediatra** 55. **Ballerina** 56. **Scrittore**

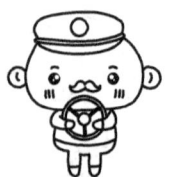 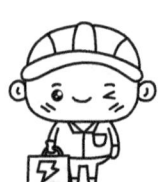 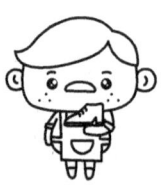 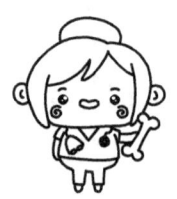 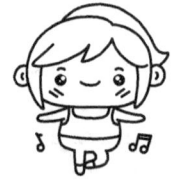 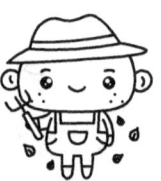 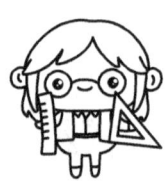

57. **Tennista professionista** 58. **Agente del traffico** 59. **Pilota** 60. **Idraulico** 61. **Re** 62. **Regina** 63. **Disegnatrice grafica**

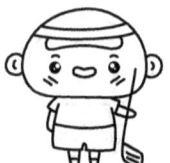 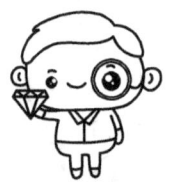 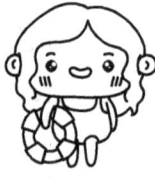 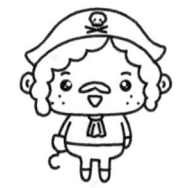 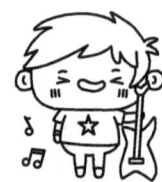 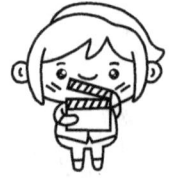 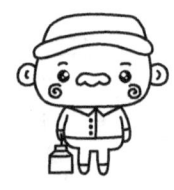

64. **Autista** 65. **Elettricista** 66. **Calzolaio** 67. **Veterinaria** 68. **Istruttrice di yoga** 69. **Giardiniere** 70. **Architetto**

71. **Giocatore di golf** 72. **Gioielliere** 73. **Bagnina** 74. **Pirata** 75. **Musicista di rock** 76. **Regista** 77. **Lattaio**

Queste illustrazioni uniche sono state create a mano, appositamente per questo libro.

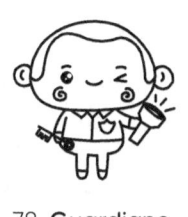
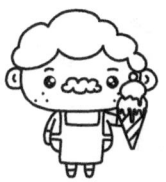
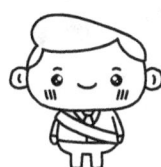
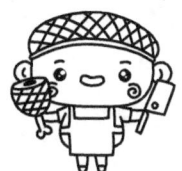
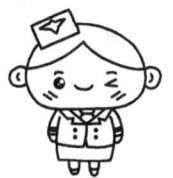
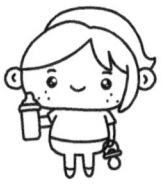
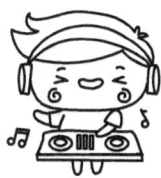

78. Guardiano notturno | 79. Gelataio | 80. Presidente | 81. Macellaio | 82. Assistente di volo | 83. Tata | 84. DJ

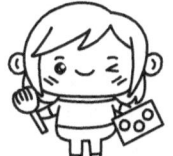
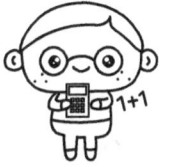
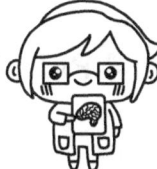
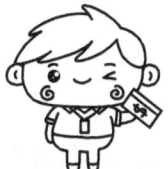
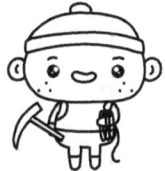
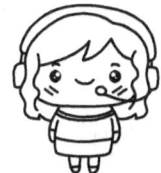
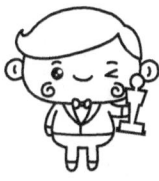

85. Truccatrice | 86. Contabile | 87. Psicologa | 88. Cassiere | 89. Alpinista | 90. Centralinista | 91. Attore

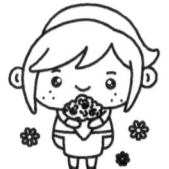
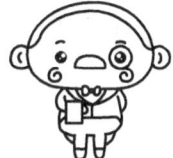
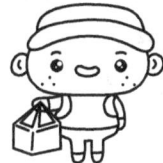
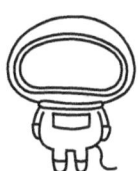
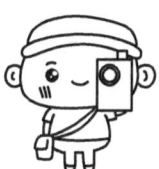
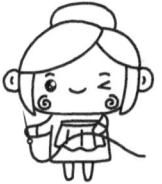

92. Fiorista | 93. Maggiordomo | 94. Fattorino | 95. Sub | 96. Operatore video | 97. Sarta | 98. Animatore di spettacoli

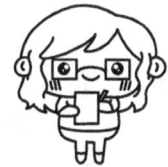
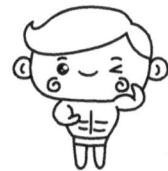
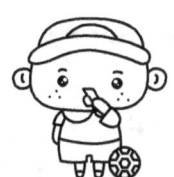

99. Organizzatrice di eventi | 100. Bodybuilder | 101. Allenatore

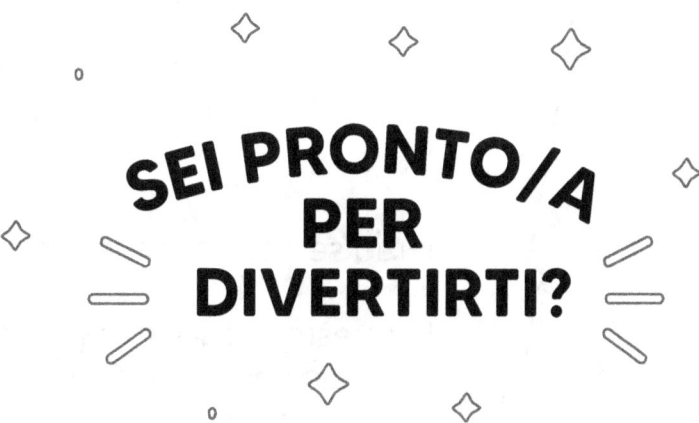

SEI PRONTO/A PER DIVERTIRTI?

Queste illustrazioni uniche sono state create a mano, appositamente per questo libro.

ISTRUZIONI

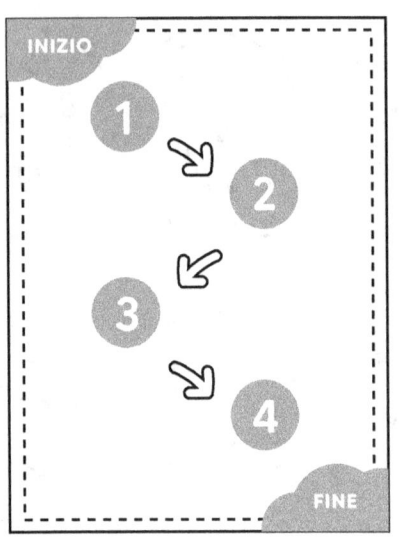

Ogni disegno ha **4 PASSI.**

Segui i numeri per completare
PASSO A PASSO ogni illustrazione.

Il metodo passo dopo passo ti aiuterà ad
acquisire sicurezza prima di imparare a
disegnare da solo.

Devi seguire le **LINEE NERE.**

Le righe **INTERROTTE** serviranno da guida.
Quando finisci di disegnare l'illustrazione,
puoi cancellarli.

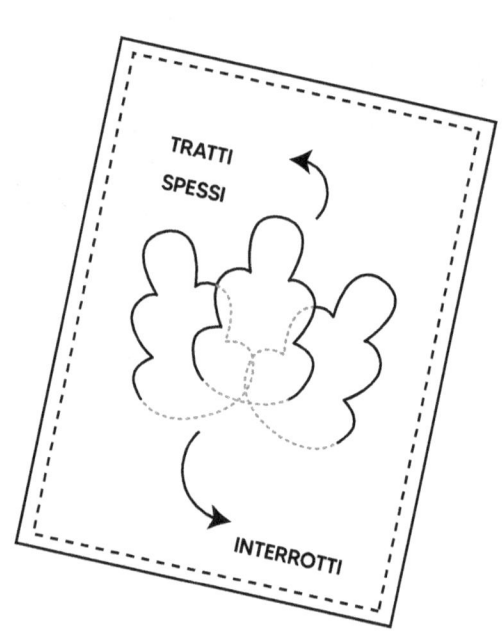

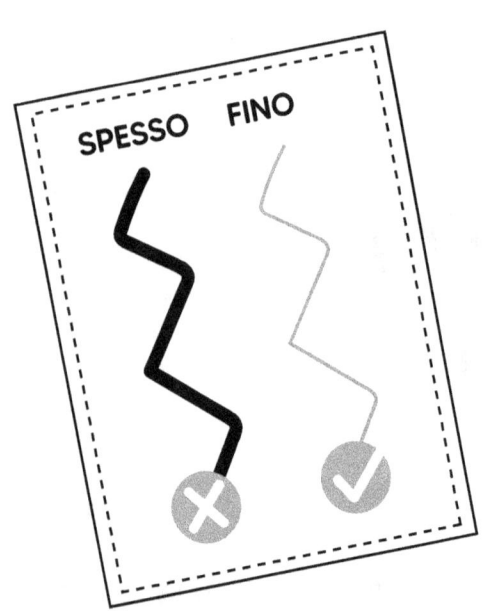

Inizia sempre eseguendo i **TRATTI SOTTILI.**

In questo modo sarà più semplice correggere
eventuali errori. Le linee spesse sono sempre più
difficili da cancellare.

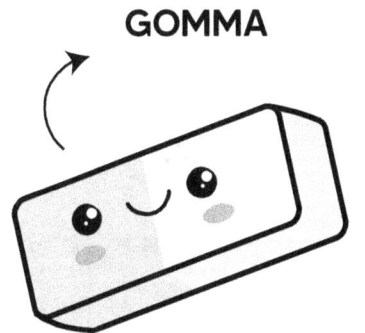

GOMMA

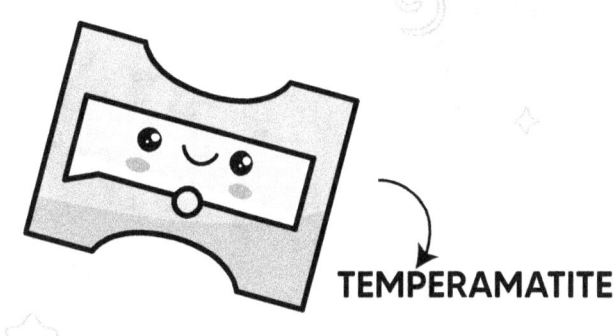

TEMPERAMATITE

MATERIALI

Hai bisogno di **4 COSE**

CARTA

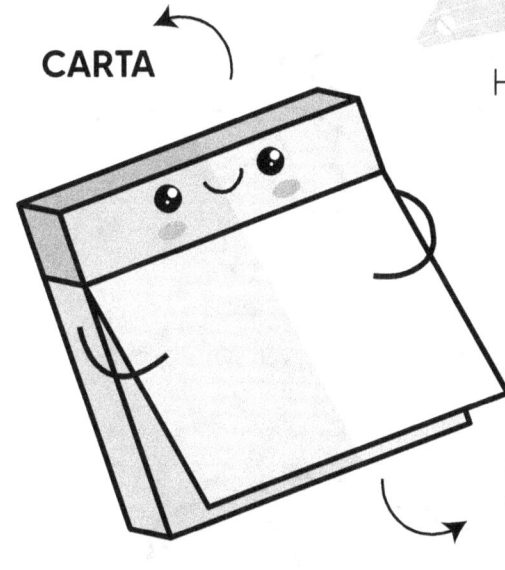

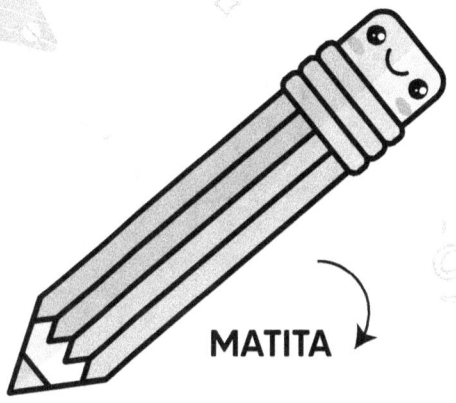

MATITA

Per evitare confusione e rendere tutto più ordinato, utilizzare carta bianca senza linee o segni.

Tutti possiamo disegnare!

Tutti i disegni iniziano con una **FORMA BASE**

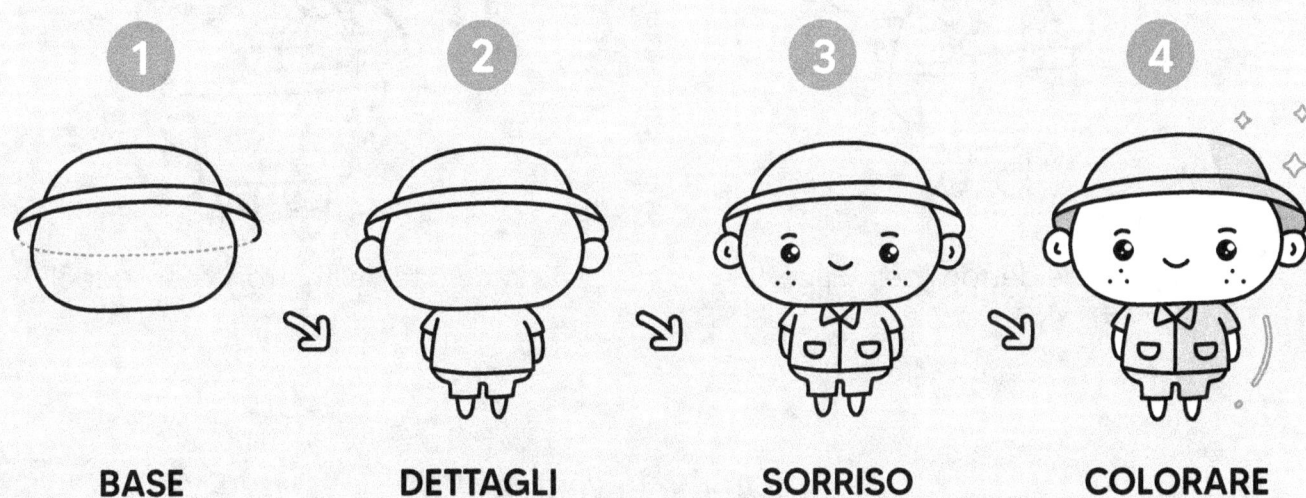

BASE   **DETTAGLI**   **SORRISO**   **COLORARE**

PIZZAIOLO

Disegnare i baffi e una nuvola sulla testa

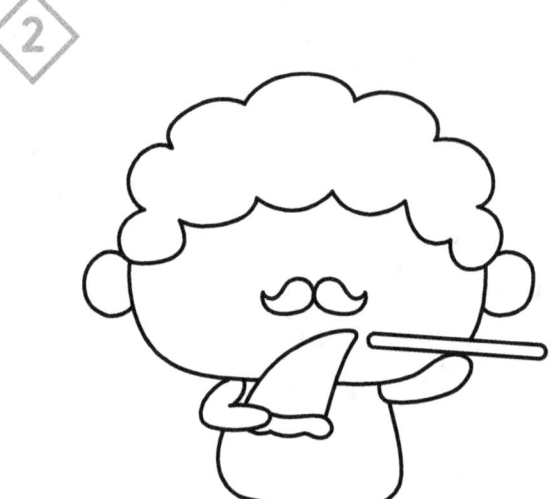

Aggiungere il corpo, il vassoio e la pizza

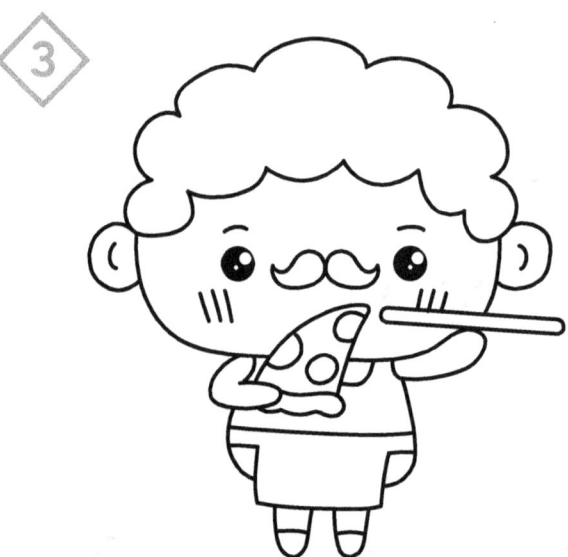

Aggiungere dettagli per rifinire il corpo e il viso

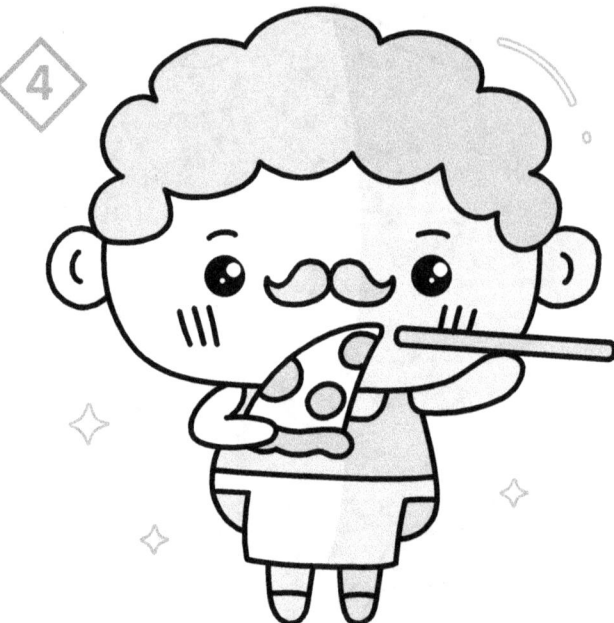

Che ne dite del marrone per i capelli?

Qual è la vostra pizza preferita?

INSEGNANTE

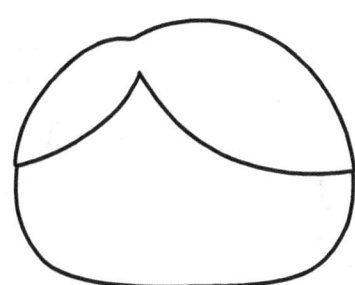

Iniziare con un cerchio con curve aperte

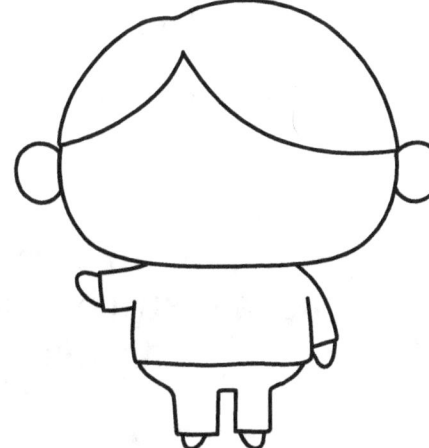

Ora il contorno: T-shirt e pantaloni

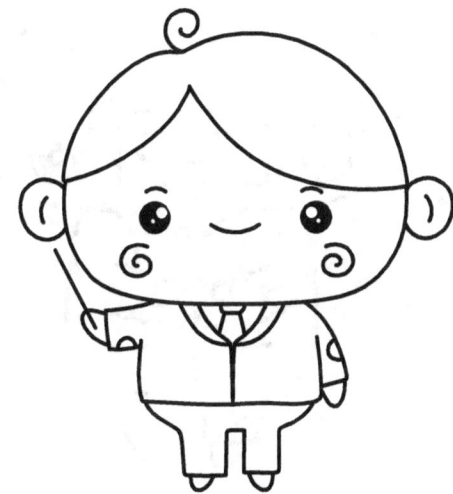

Disegnare spirali sulle guance e sui capelli

Preparo i bambini al futuro

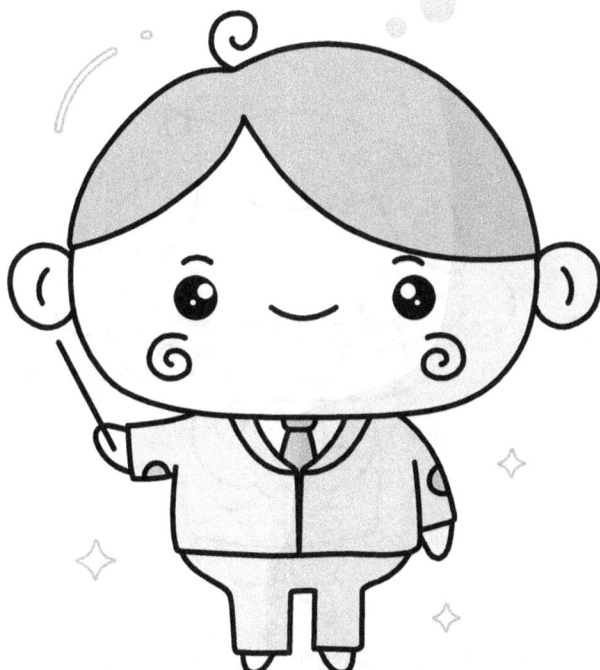

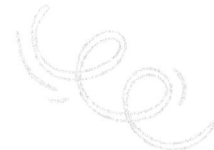

Domani guardate i vestiti che indossa il vostro insegnante

DENTISTA

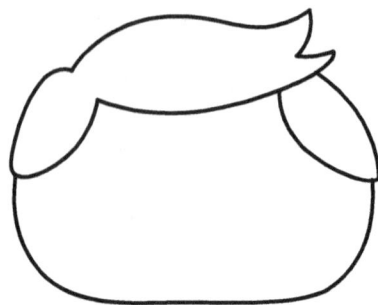

Disegnare la testa e i capelli a piacere

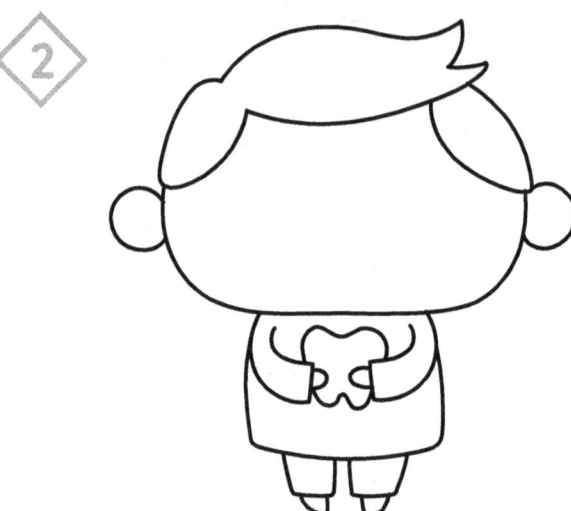

Ora il corpo e un grosso dente al centro

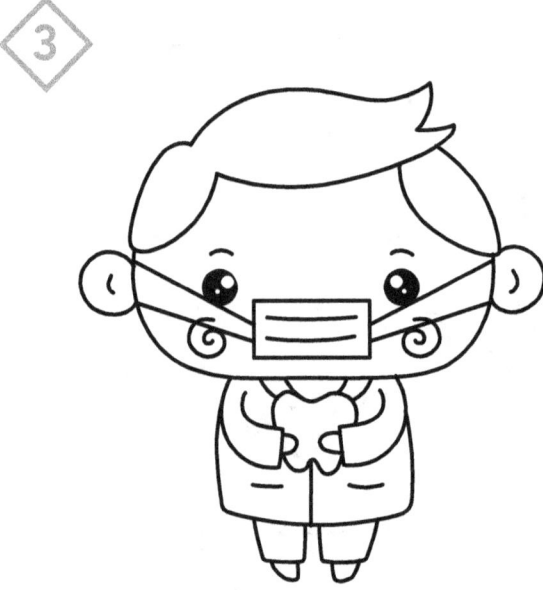

I dentisti indossano le mascherine!

Mi prendo cura della vostra bocca e dei vostri denti

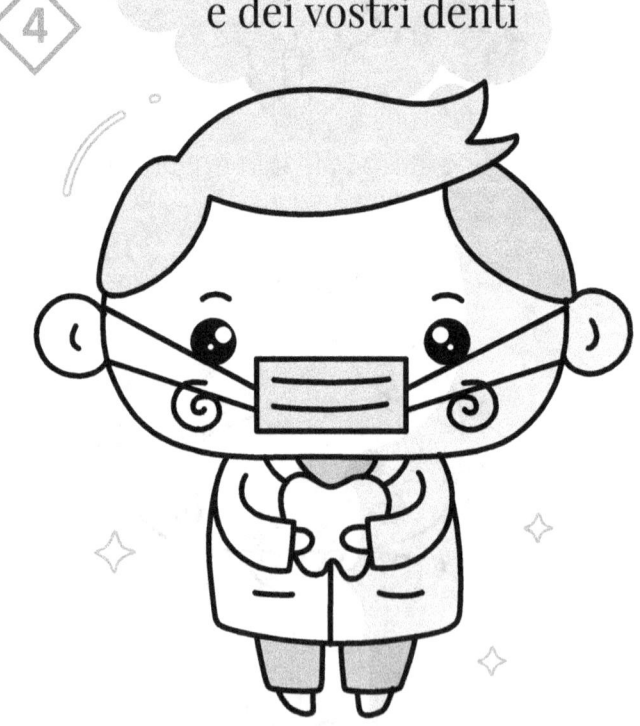

Il bianco con il verde smeraldo è una buona scelta

VIGILE
DEL FUOCO

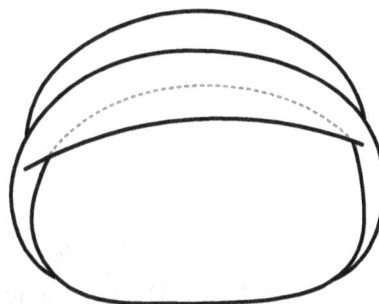

Inizia con una base arrotondata
con uno scafo

Aggiungete la tuta e non dimenticate
il butto!

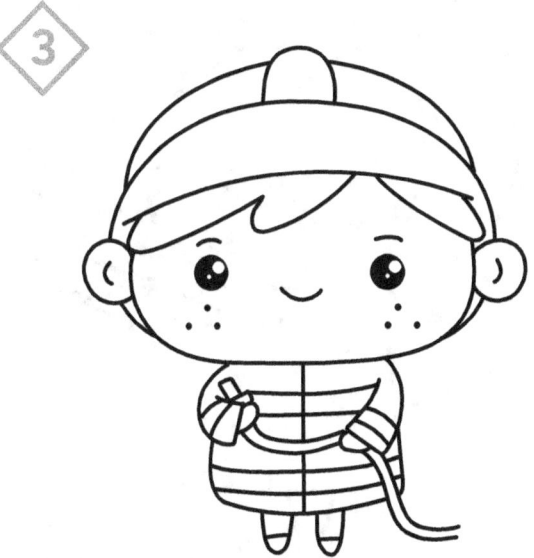

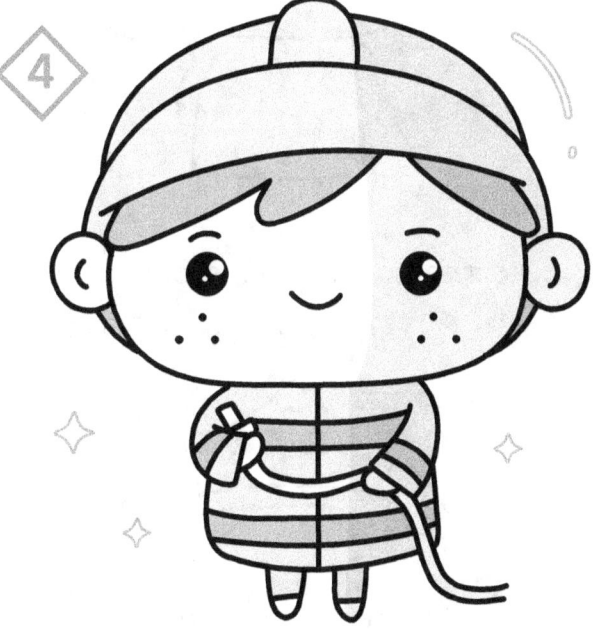

Linee orizzontali per i vestiti e un
simpatico viso kawaii

Colorare l'uniforme di rosso e giallo

Spegniamo
gli incendi in
modo efficace

INFERMIERE

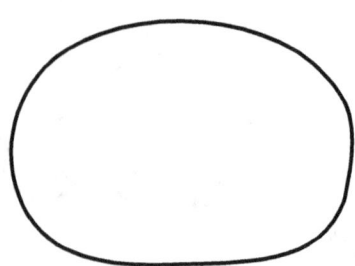

Disegnare un cerchio appiattito

Ora il corpo è un cappello a 3 punte

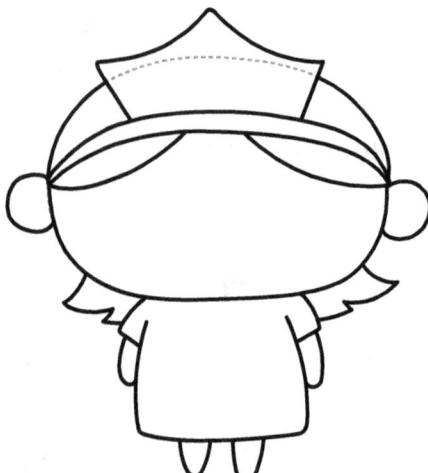

Renderla amichevole e simpatica

Mi prendo cura
dei miei pazienti

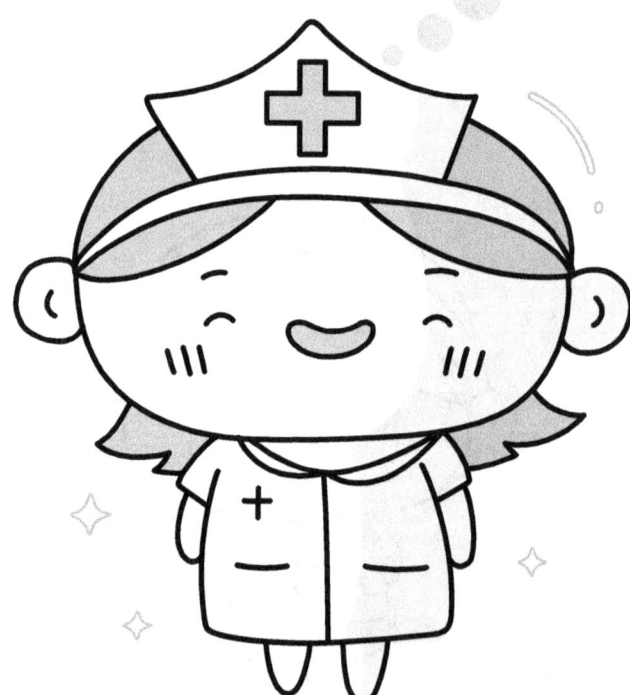

Coloriamo! Ricordate che il camice è
bianco e la croce è rossa

MINATORE

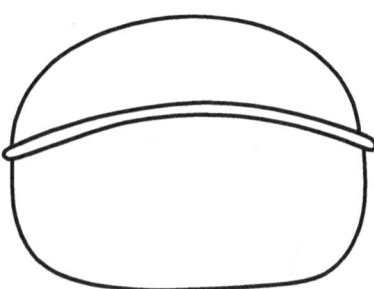

Inizia con un ovale allungato con un arco al centro

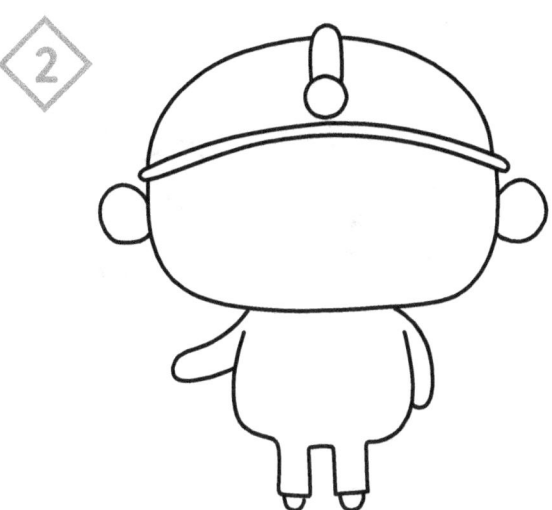

Poi viene il resto del corpo

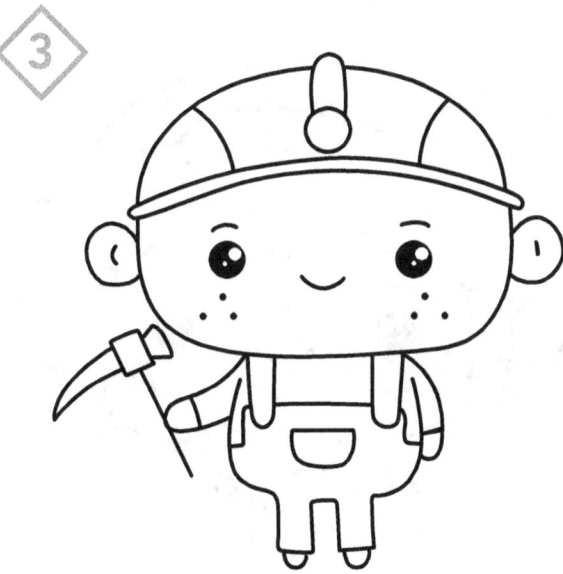

Aggiungere dettagli come il piccone e le adorabili lentiggini

Lavoro in luoghi molto bui

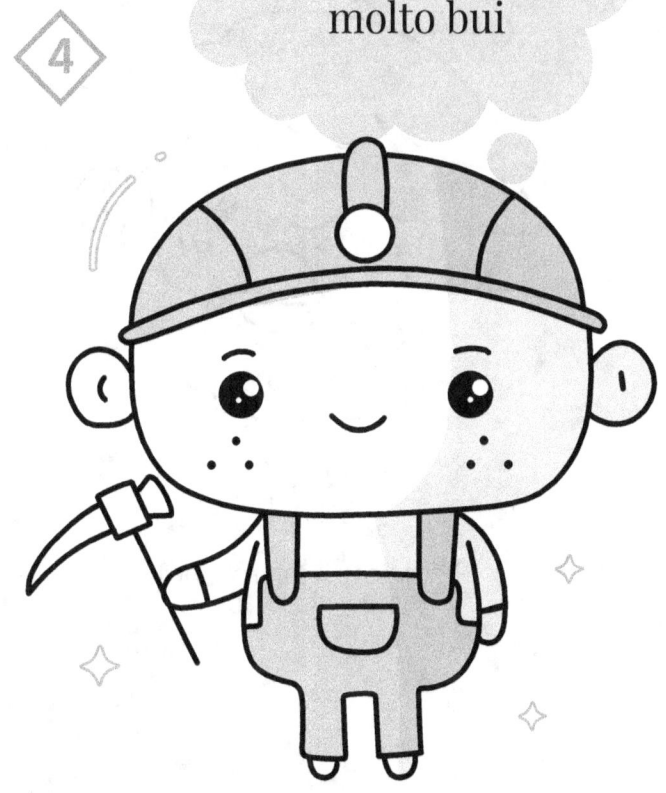

Coloriamo! Il casco è solitamente giallo

GIORNALISTA

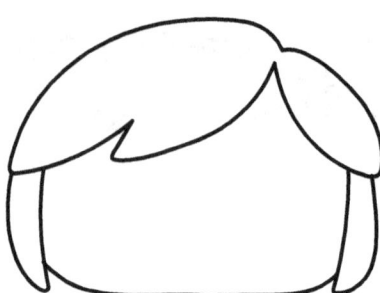

Disegna una frangia che copre la testa

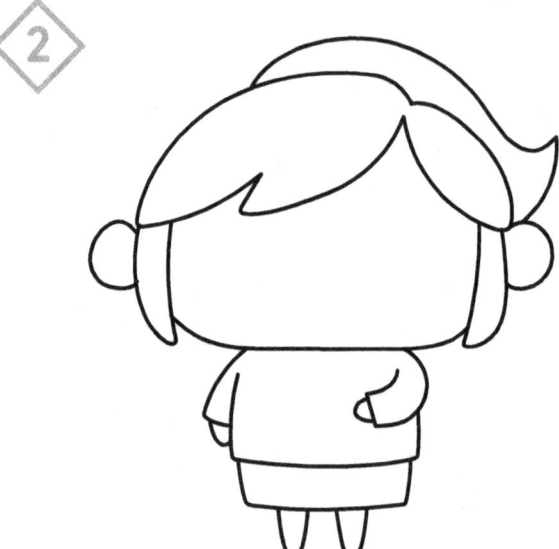

Aggiungere il corpo con una mano verso l'interno

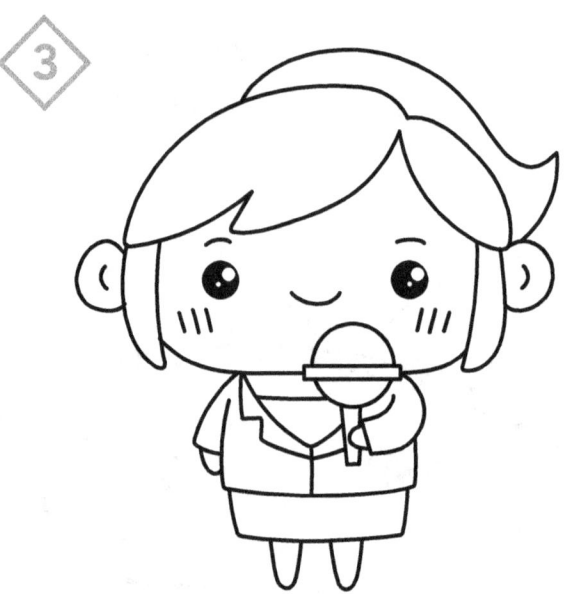

Ricordati, il microfono!

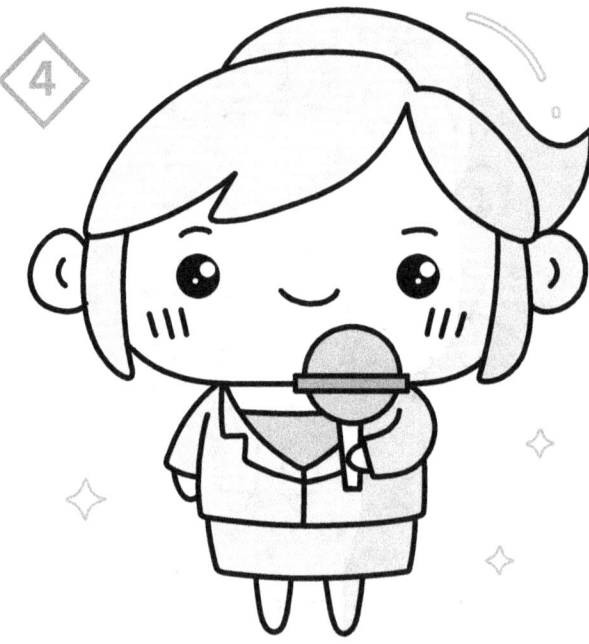

Colorate con il colore che preferite!

Vi comunico
le notizie

FALEGNAME

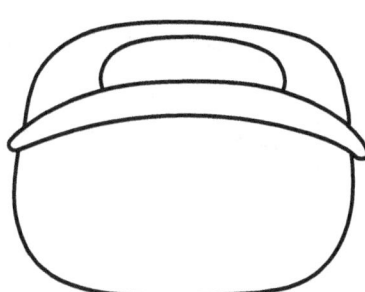

Si parte dall'alto: la testa e il cappello

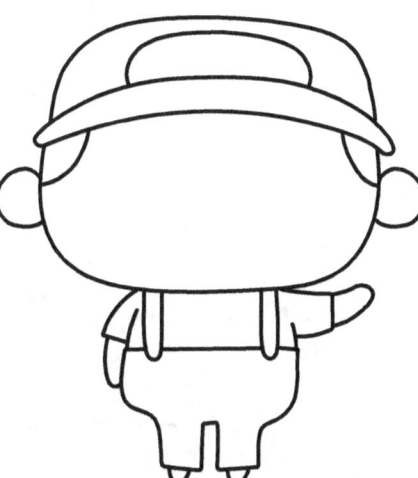

Disegnare il corpo con una mano sollevata

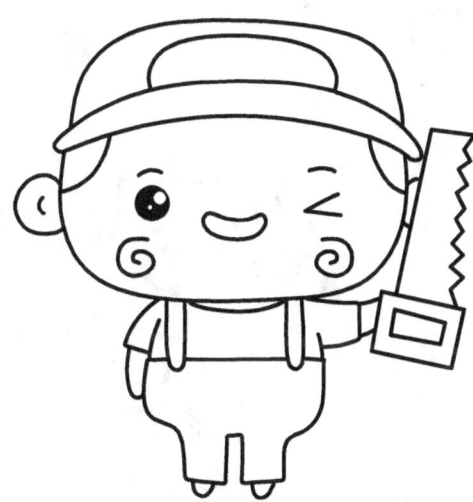

La cosa più importante: la sega!

Creo bellissimi mobili in legno

Se volete che sia in jeans, fatelo blu!

CONTADINO

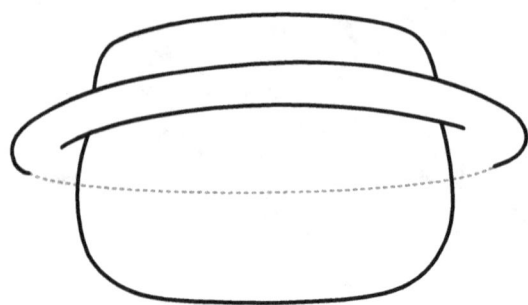

Inizia con un cappello con una "U" sotto di esso

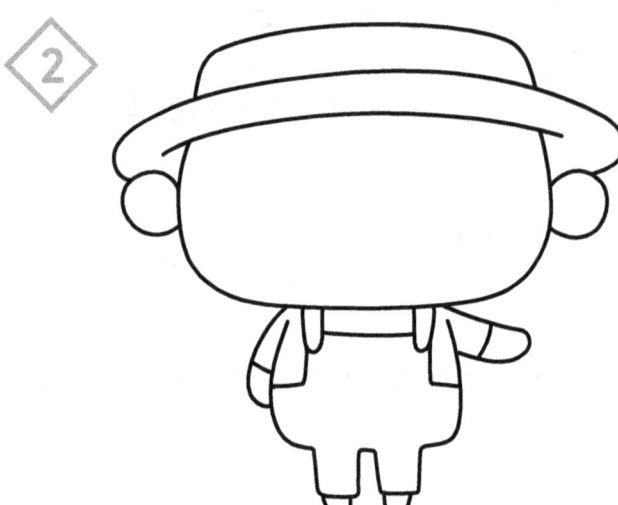

Disegnare un corpo in salopette

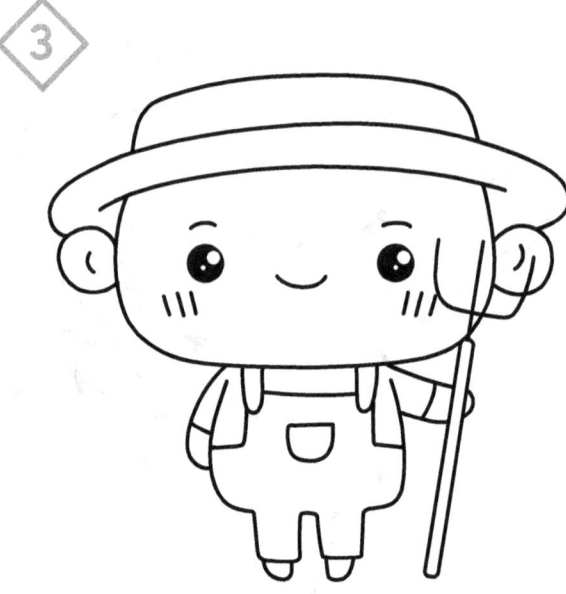

Ora un grande rastrello e occhi lucidi

Semino e raccolgo cibo

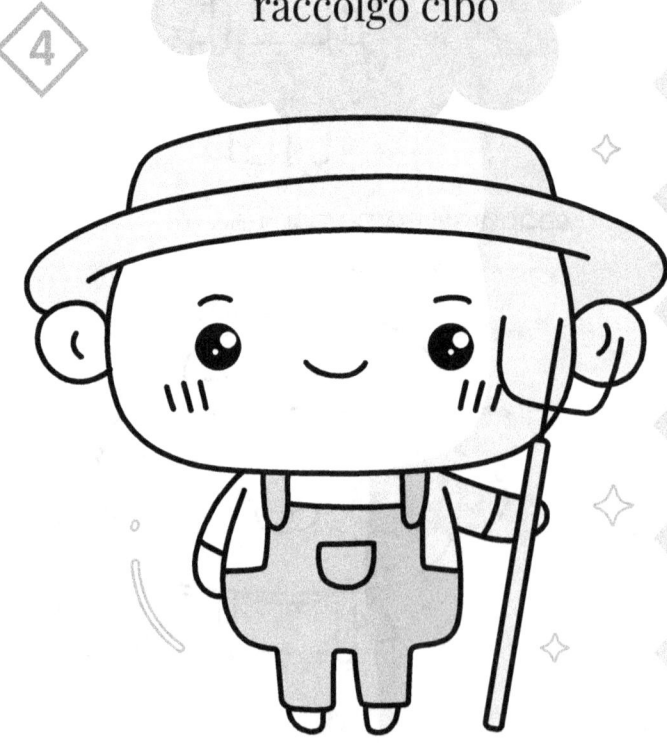

Coloriamo! Il cappello starebbe benissimo in una tonalità di giallo

MECCANICO

①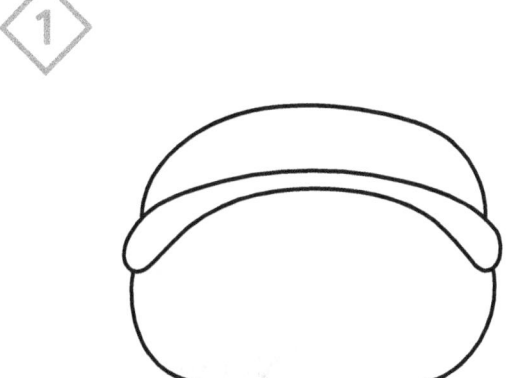

Disegnare una testa rotonda con un cappello

②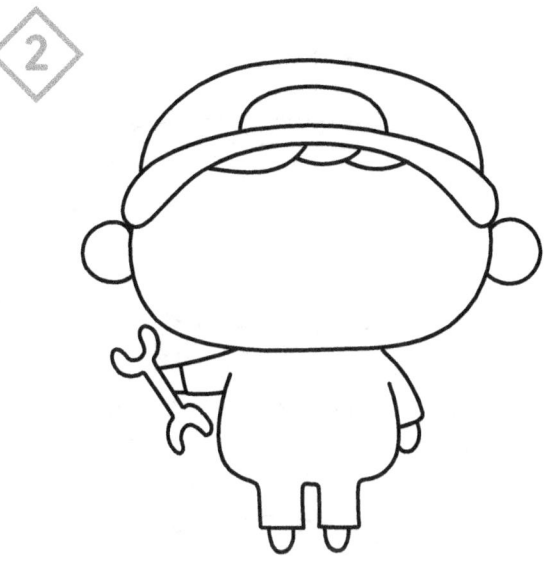

Ora il corpo e non dimenticare una chiave inglese

③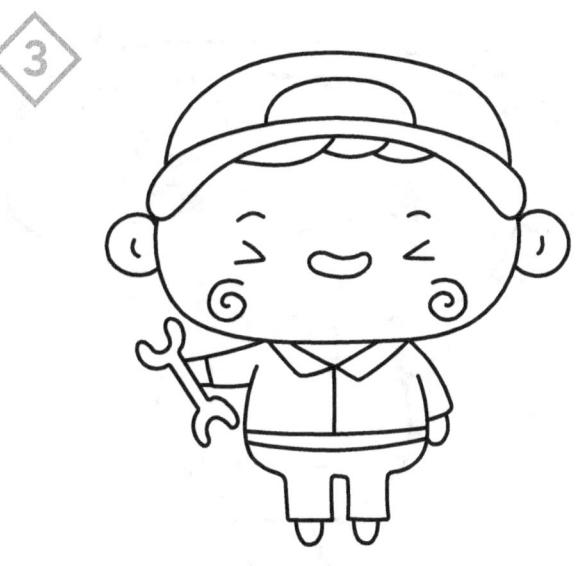

Il visino e le guance a forma di spirale

④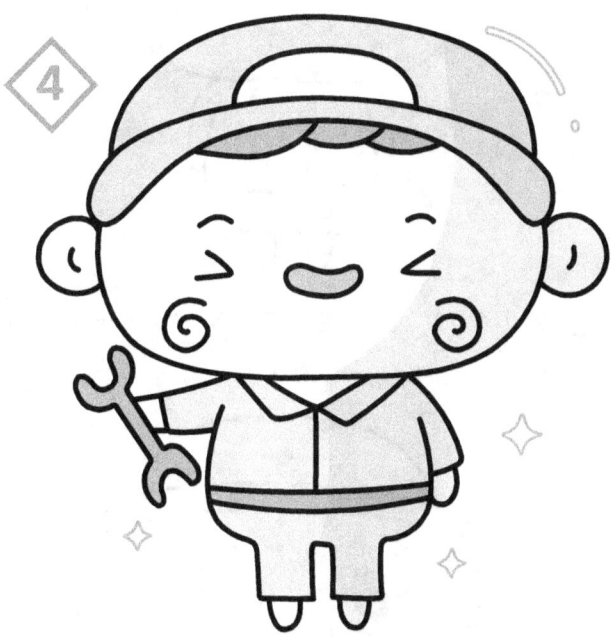

Coloriamo! Scegliere colori scuri per i vestiti

Sono il
medico dell'auto

GUARDIANO
DELLO ZOO

1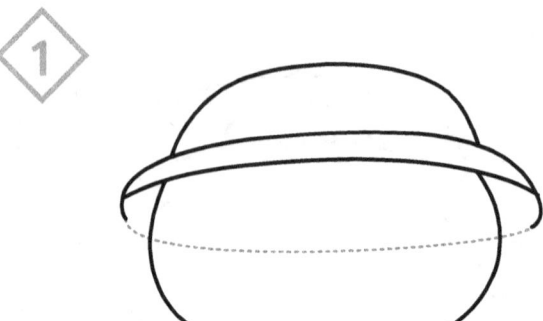

Iniziare con la testa e il cappello

2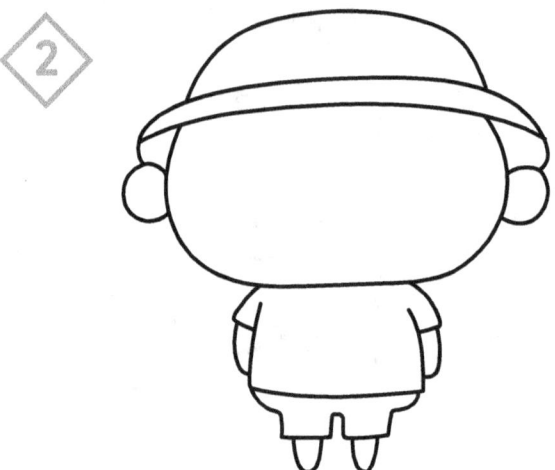

Vestite la vostra figura con abiti semplici

3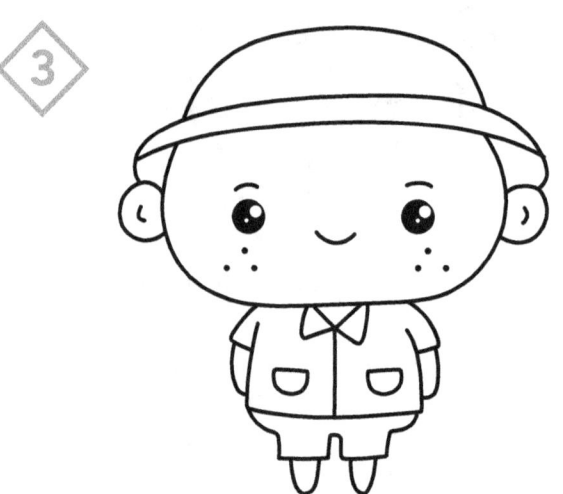

Rifinitura con dettagli per l'abbigliamento

4

Nutro
gli animali
dello zoo

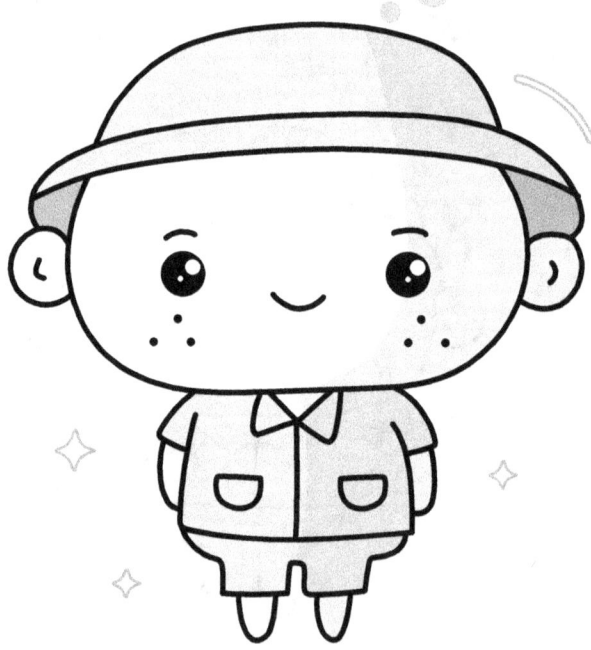

Scegliete i toni del giallo e del marrone
per l'abbigliamento

CAMERIERE

1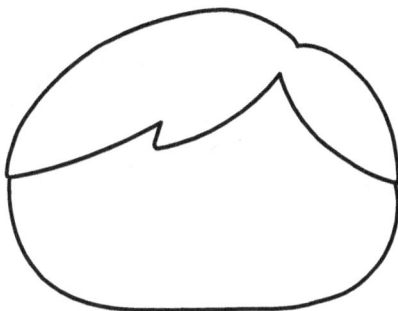

Disegnare una base arrotondata e la forma dei capelli

2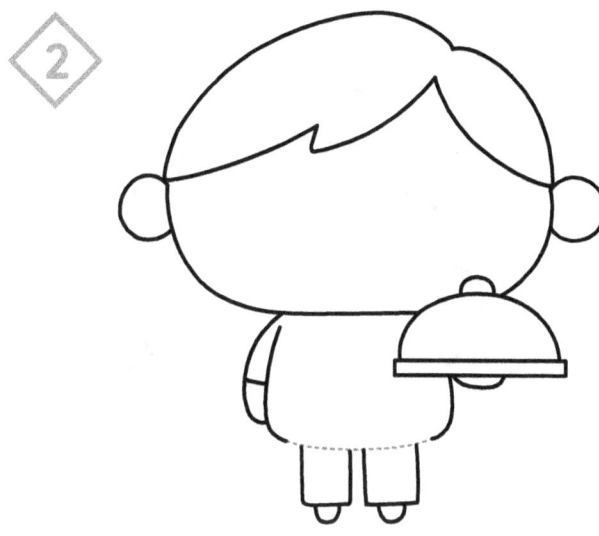

Aggiungere il corpo e un vassoio con coperchio

3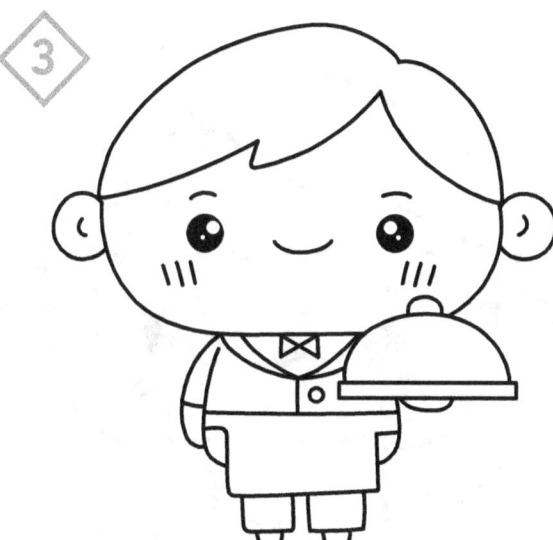

È il momento dei dettagli! Il grembiule, il papillon, i bottoni...

4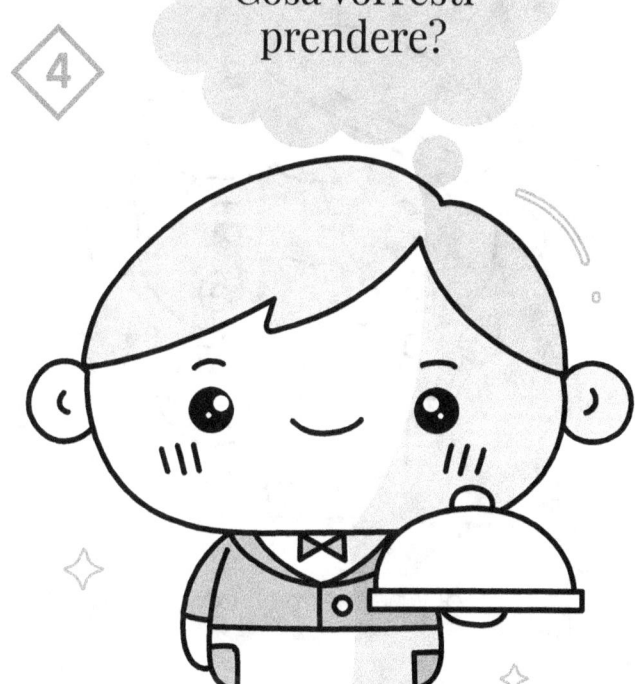

Cosa vorresti prendere?

Coloriamo! I camerieri vestono di bianco e nero

PITTORE

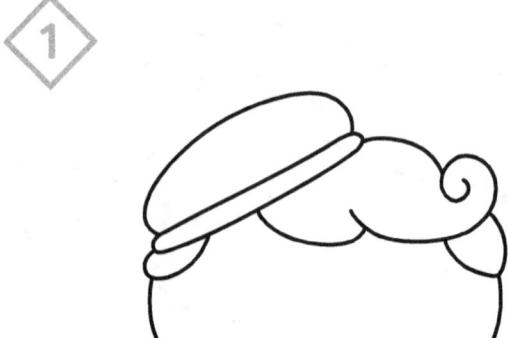

1

Su una testa disegna una frangia a spirale e un berretto

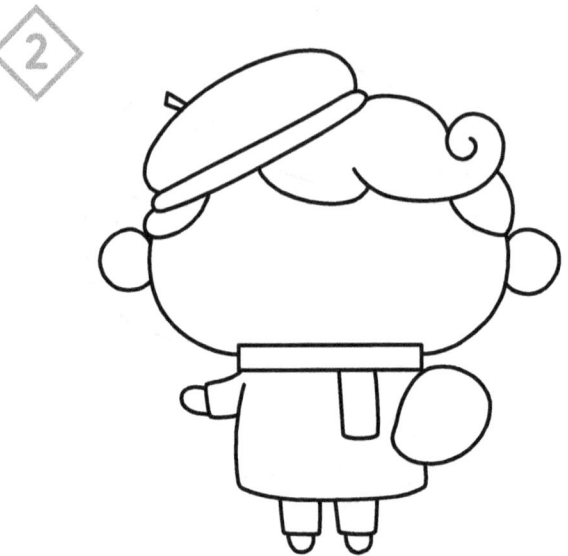

2

Aggiungete il corpo, la sciarpa e quella che sarà la tavolozza dei colori

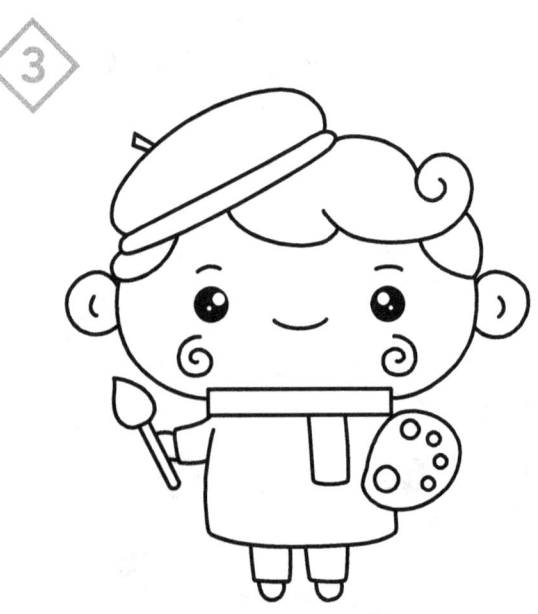

3

Aggiungi il pennello e i colori sulla tavolozza

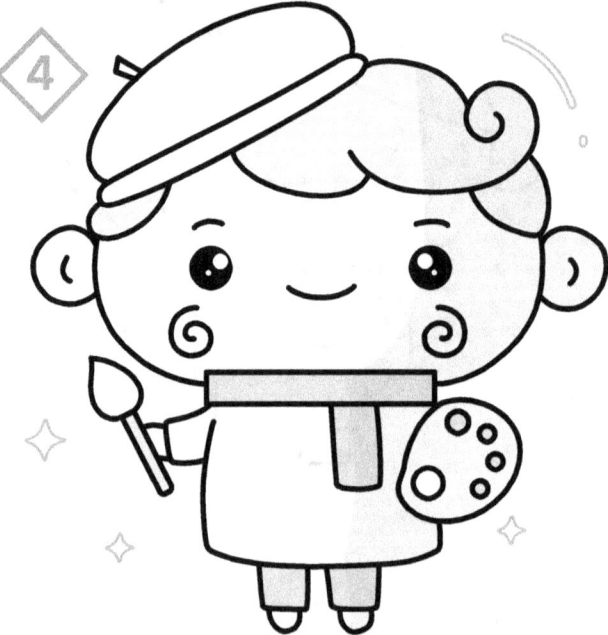

4

Coloriamo! Rendiamolo colorato

I miei
dipinti esprimono
ciò che sento

BIBLIOTECARIO

1

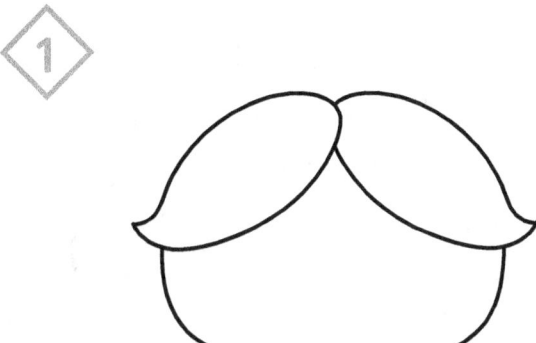

Disegnare i "baffi" su una base circolare

2

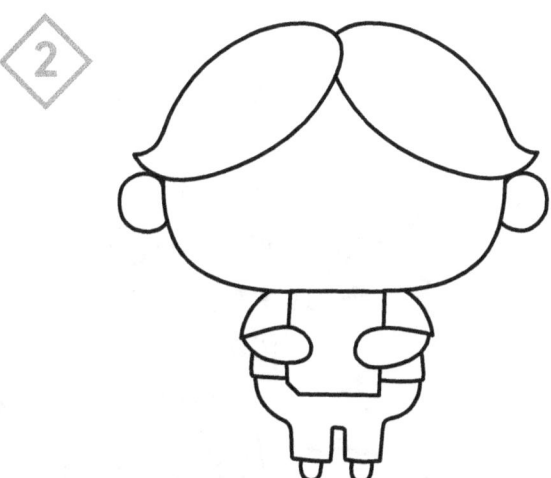

Aggiungere un corpo che sostiene un libro

3

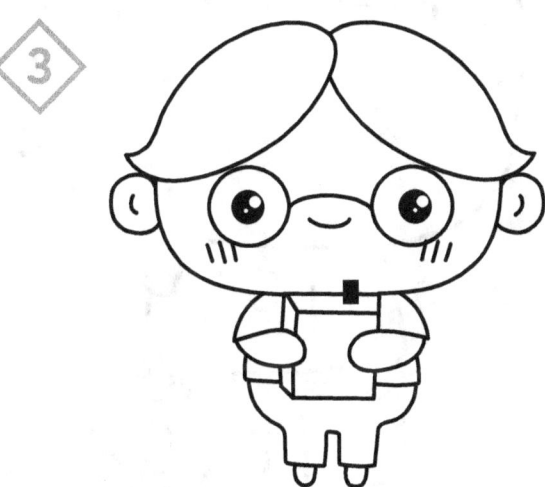

Disegnare grandi occhiali rotondi e i dettagli del libro

I libri sono la mia passione

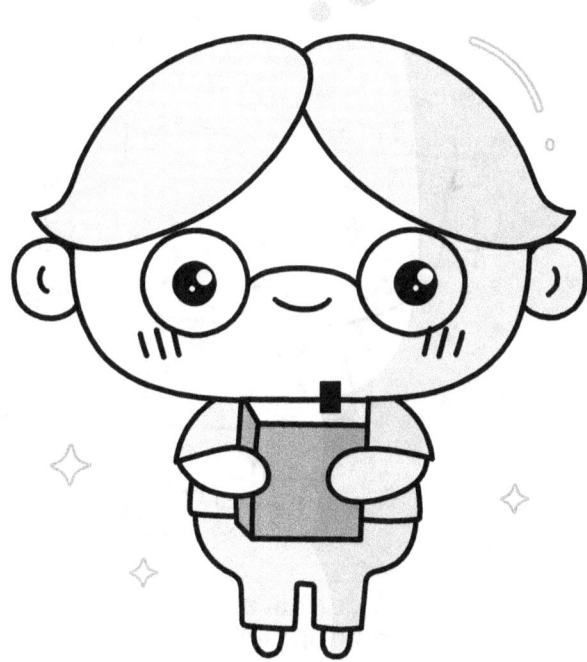

Coloriamo! Scegliete colori discreti come il marrone o il beige

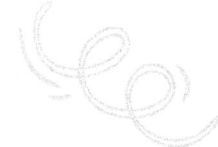

CALCIATORE

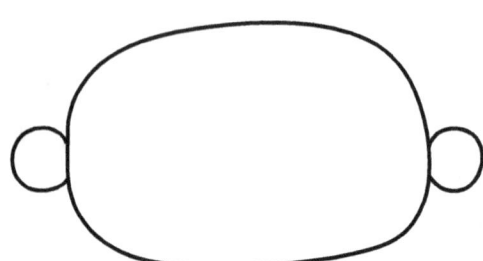

Inizia con un cerchio appiattito con le orecchie

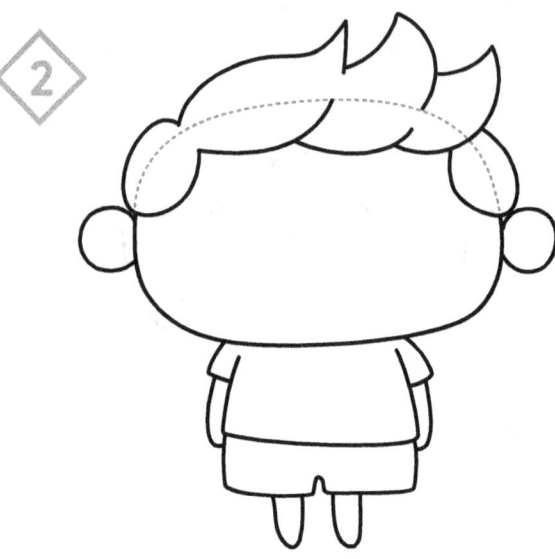

I capelli e il corpo di una superstar

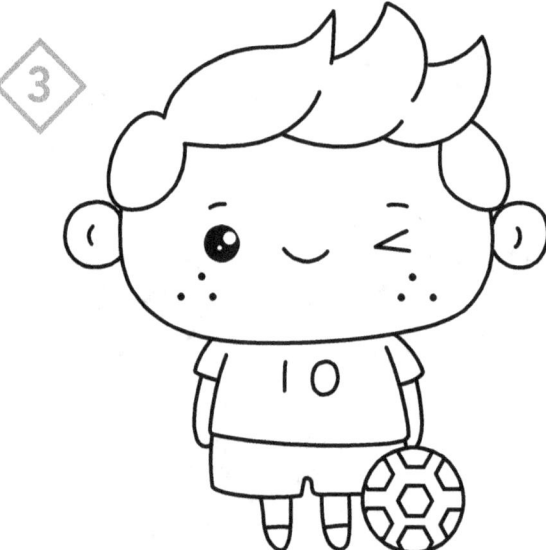

La palla con diversi esagoni e la pettorina non devono mancare

Anche tu sogni di diventare un calciatore?

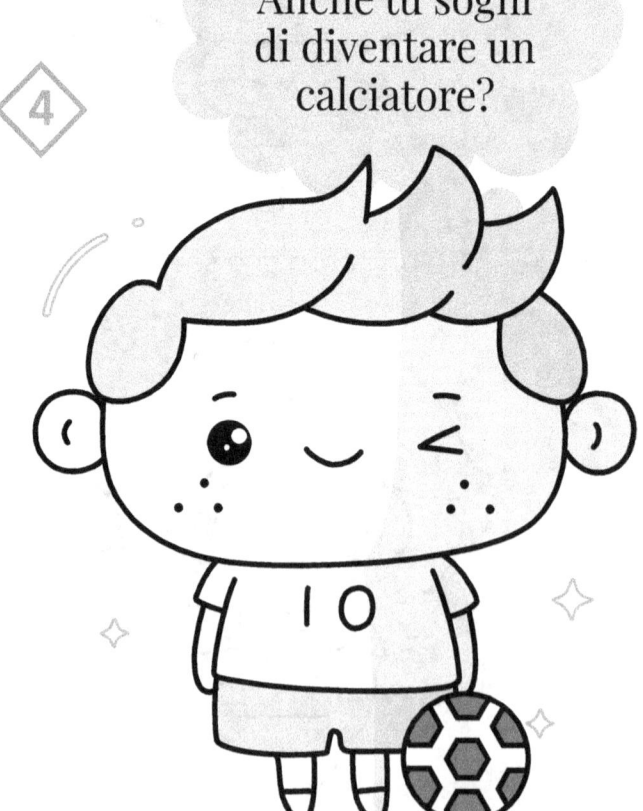

Coloriamo! Utilizzate i colori della vostra squadra di calcio preferita

PARRUCHIERA

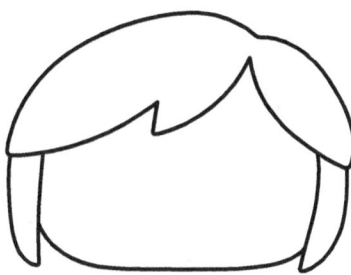

Iniziare con una testa con una frangia

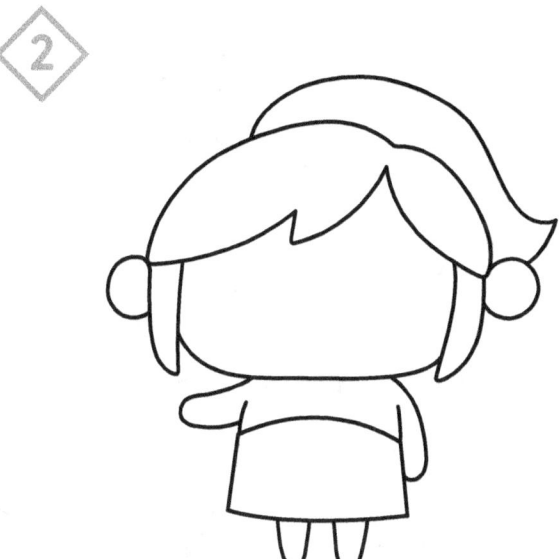

Disegnate un corpo con un vestito e una coda di cavallo!

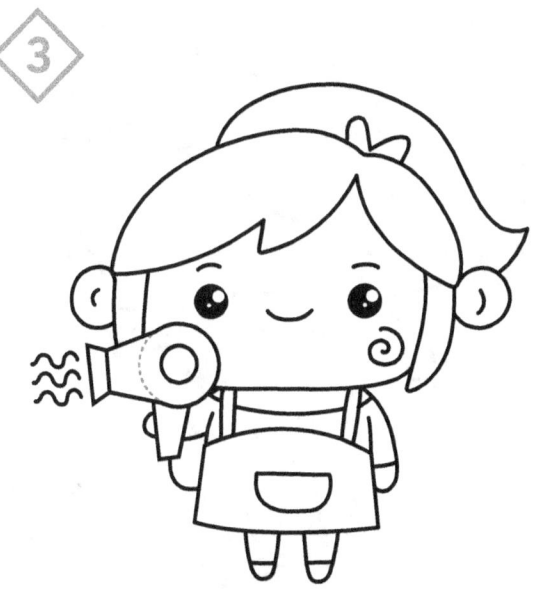

Tanti dettagli! Un asciugacapelli con cavo, il grembiule, il fiocco...

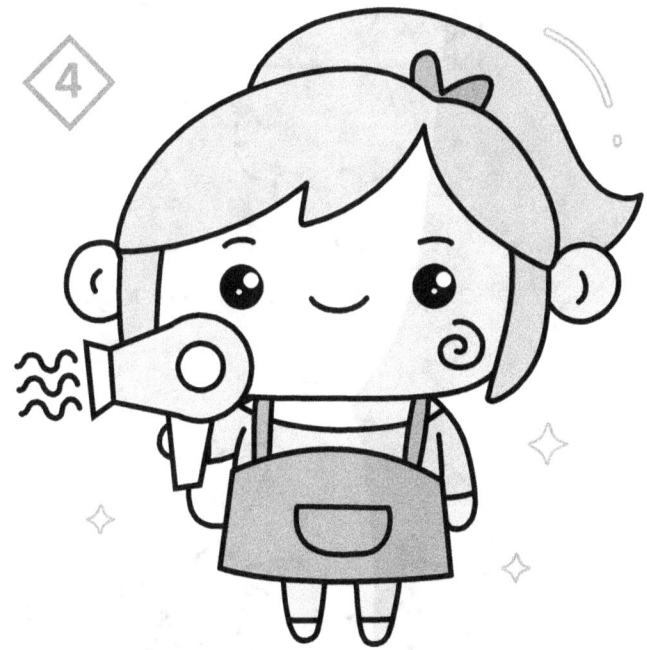

Le parrucchiere di solito indossano un grembiule nero

Taglio, colore
e stile?

GINNASTA

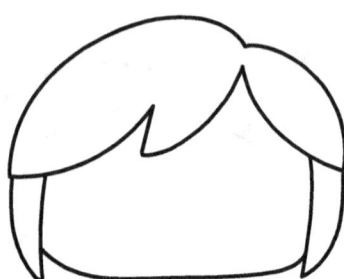

Iniziare come prima: testa e frangia

Disegnare un corpo con una maglia

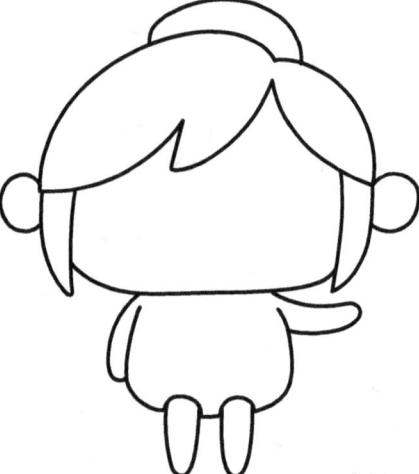

Ora un nastro serpeggiante

Sono flessibile
e molto forte

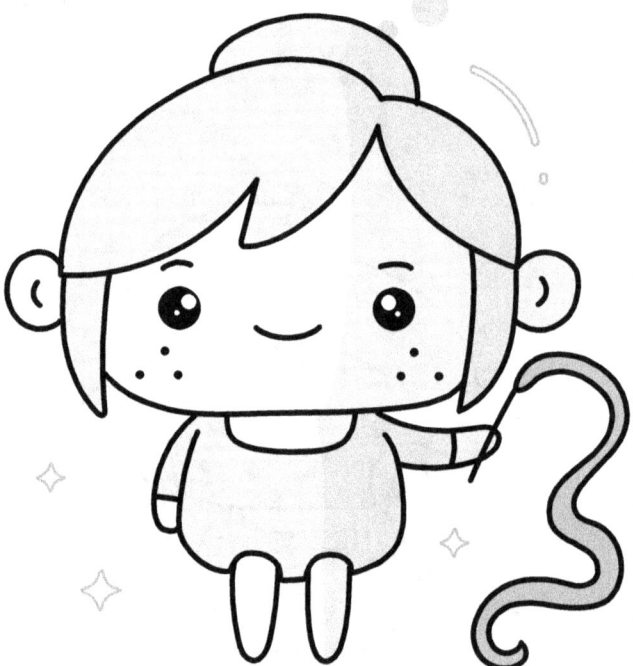

Coloriamo! Scegliete un colore vivace
per i vestiti

INGEGNERE
CIVILE

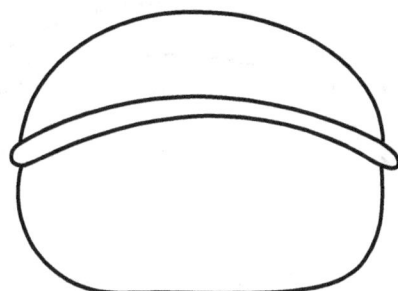

Disegnare una base rotonda con un casco

Il rettangolo che ha in mano sarà una pianta

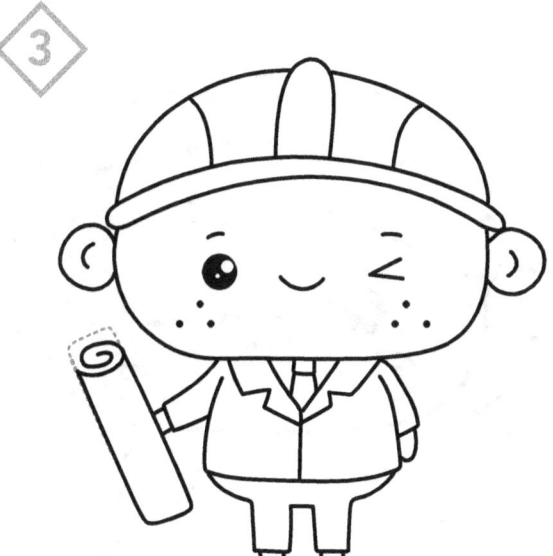

Aggiungete una spirale alla pianta per farla sembrare un foglio di carta arrotolato

Progetto ponti e strade

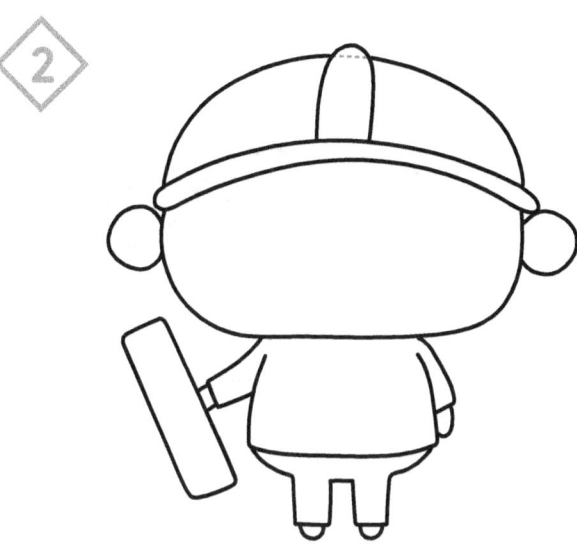

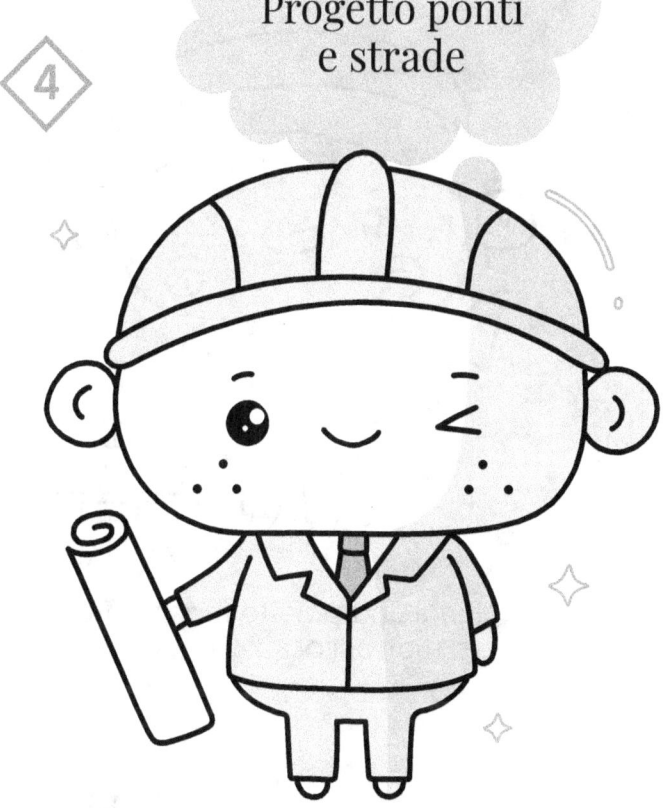

I caschi da cantiere sono gialli

MURATORE

①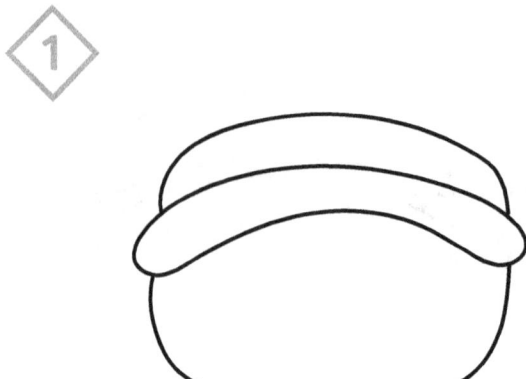

Iniziamo così: una testa con un berretto

②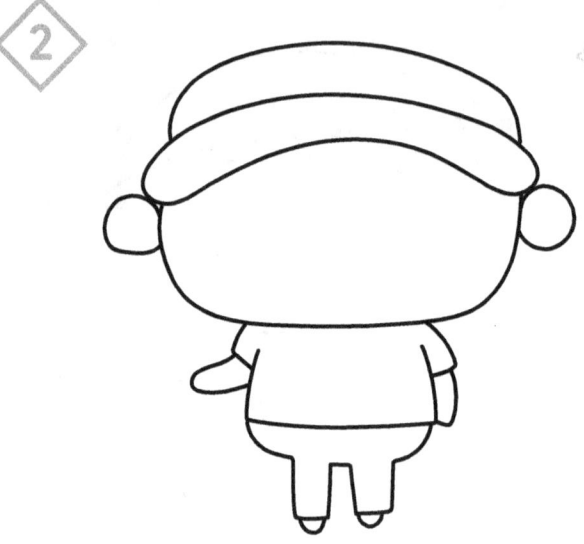

Vestilo con abiti normali

③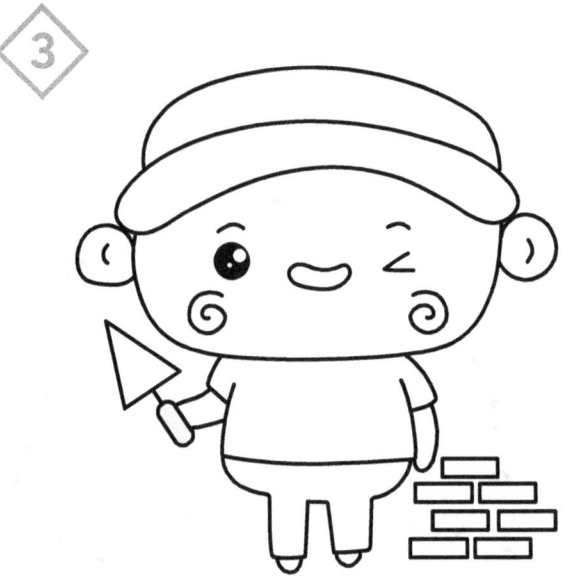

Aggiungi una paletta triangolare e diversi mattoni al suo fianco

④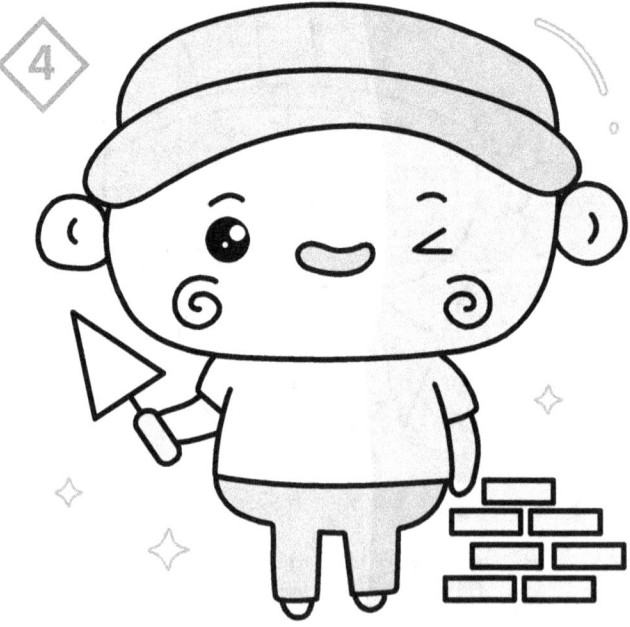

Coloriamo! I mattoni sono rossi

Vi costruirò la casa dei vostri sogni

RADIOLOGO

Disegnare una nuvola su un rettangolo arrotondato

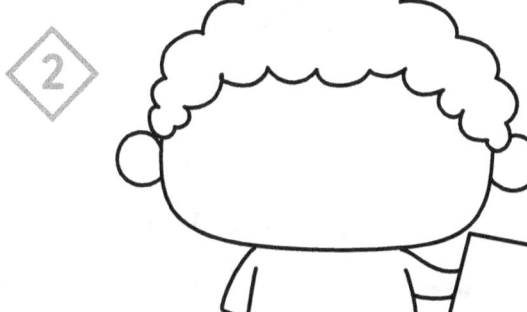

Quando crei il corpo, disegna un rettangolo sulla mano, che sarà la radiografia

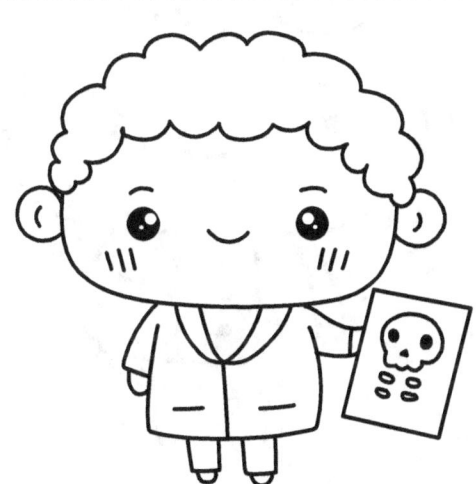

Mancano le ossa!

Posso vedere le tue ossa e i tuoi organi

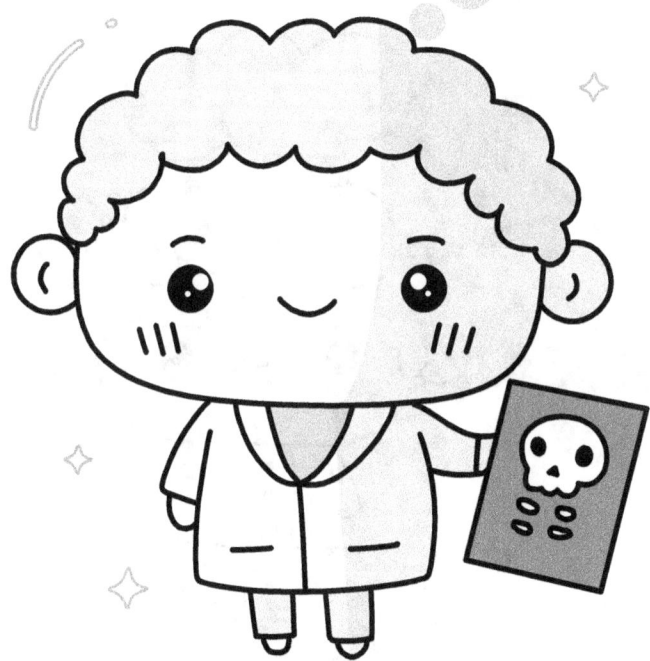

Coloriamo! Scegliere un colore scuro per la radiografia

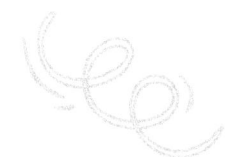

CHEF

Disegnare una nuvola sopra una testa

Ora il corpo e un bel cappello da chef

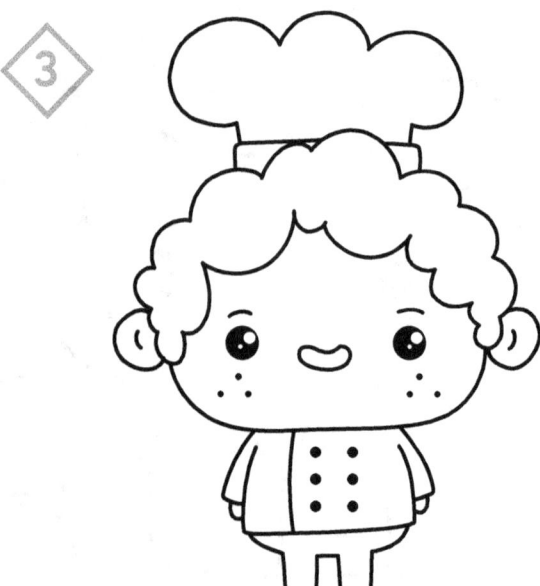

Aggiungete tanti bottoni alla camicia
e una faccia kawaii

La cucina è
un'arte

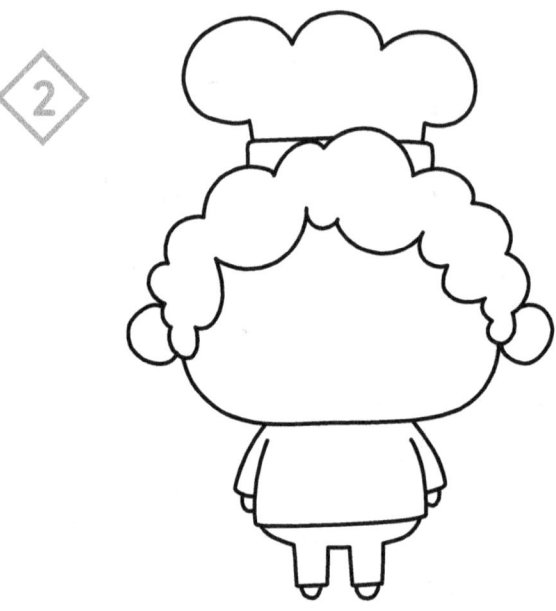

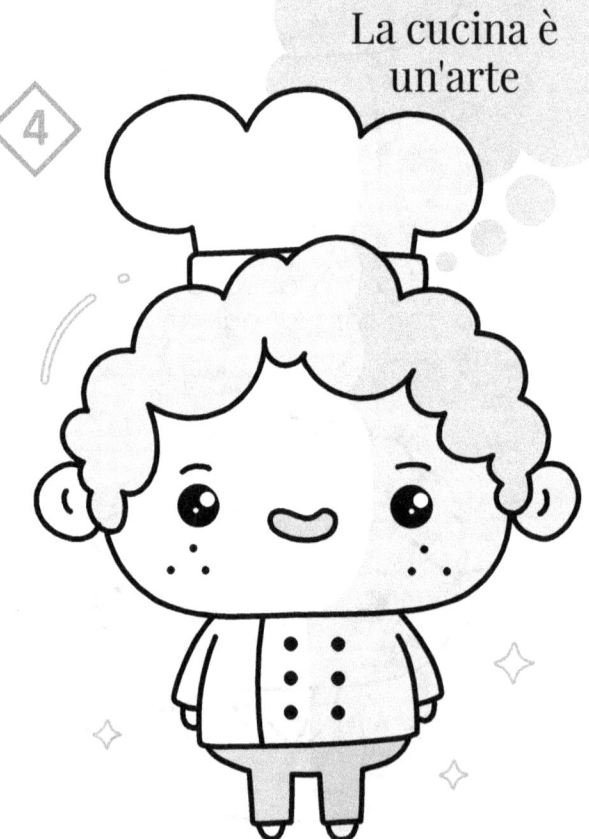

Il bianco riflette pulizia e igiene

DOTTORESSA

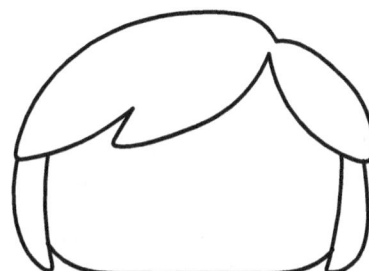

Iniziare con una testa con una frangia

Continuare a disegnare il corpo e la coda di cavallo

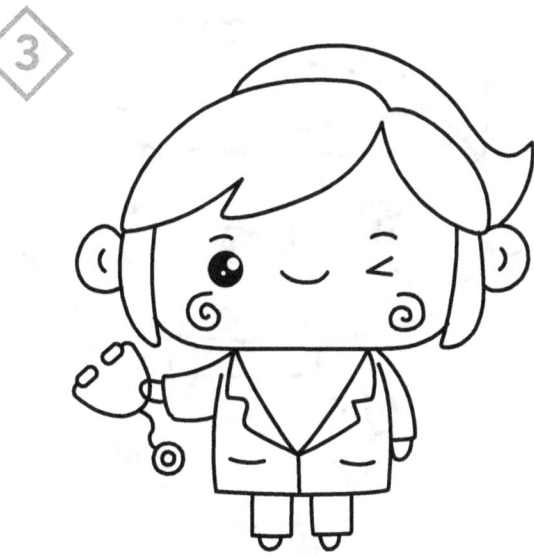

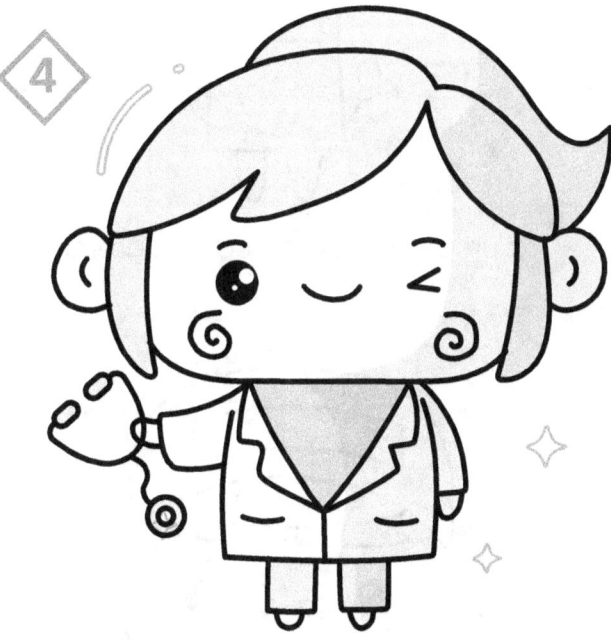

Personalizzare dettagli come lo stetoscopio e il camice

Coloriamo! Medici in camice bianco

Venite a trovarmi se non vi sentite bene

FABBRO

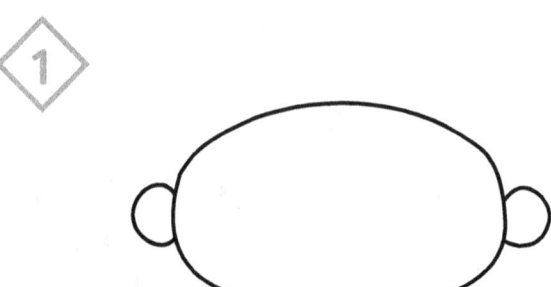

Disegnare una testa ovale con 2 orecchie

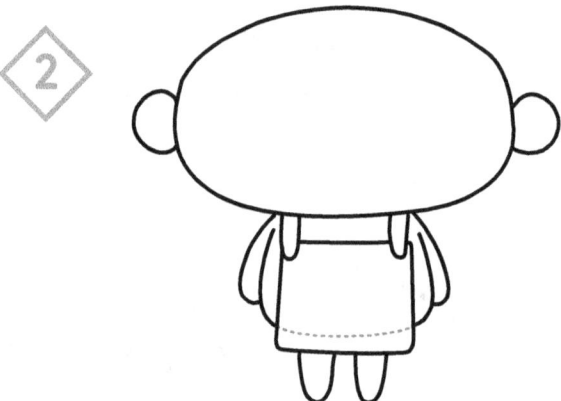

Ora un piccolo corpo con un grembiule

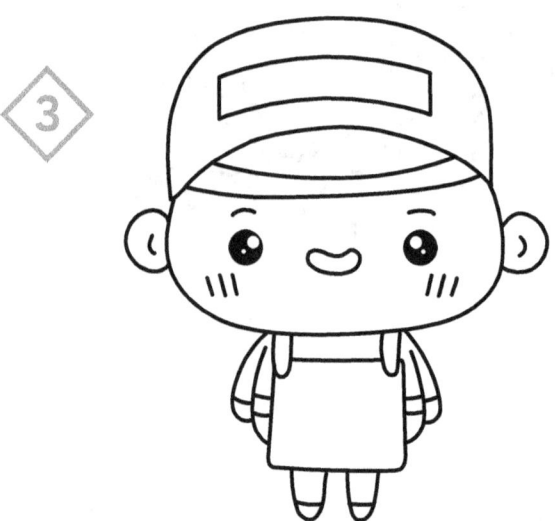

E una maschera da saldatore rialzata

Modello il ferro
e altri metalli a
mio piacimento

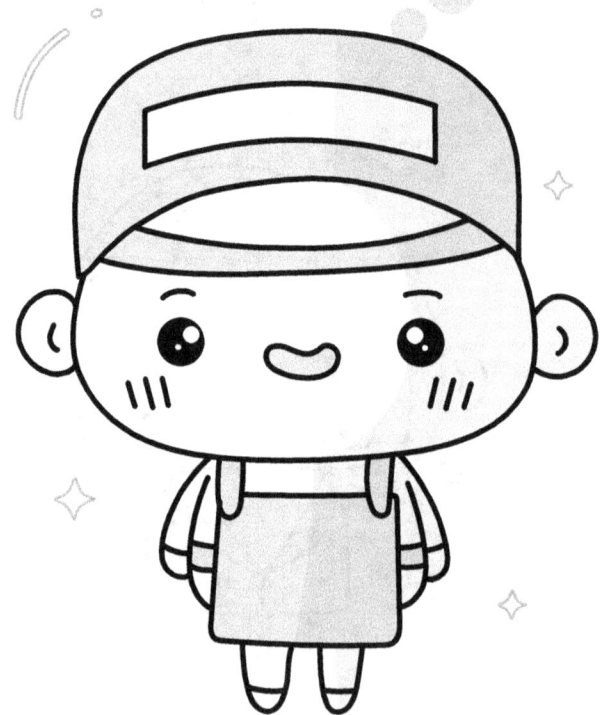

Coloratelo con i vostri colori preferiti!

STREAMER

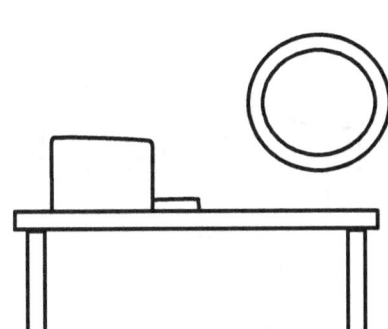

Iniziare con il tavolo, il computer e l'anello luminoso

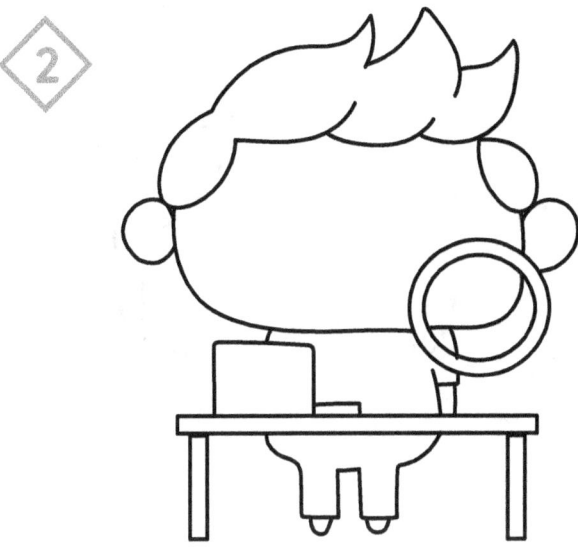

Ora il ragazzo con un'acconciatura moderna

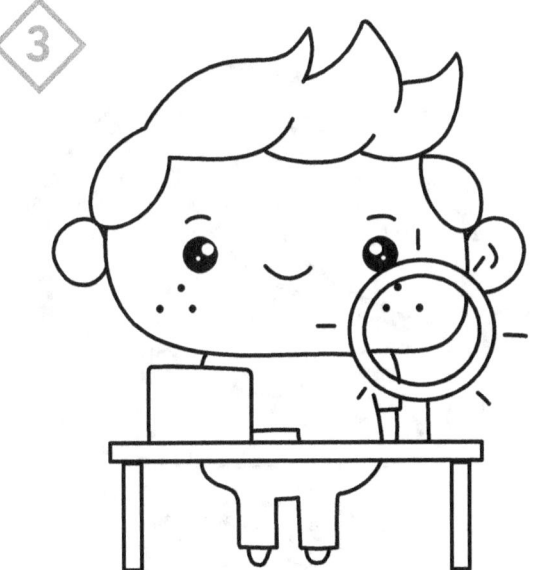

Qualche raggio di luce e la faccina!

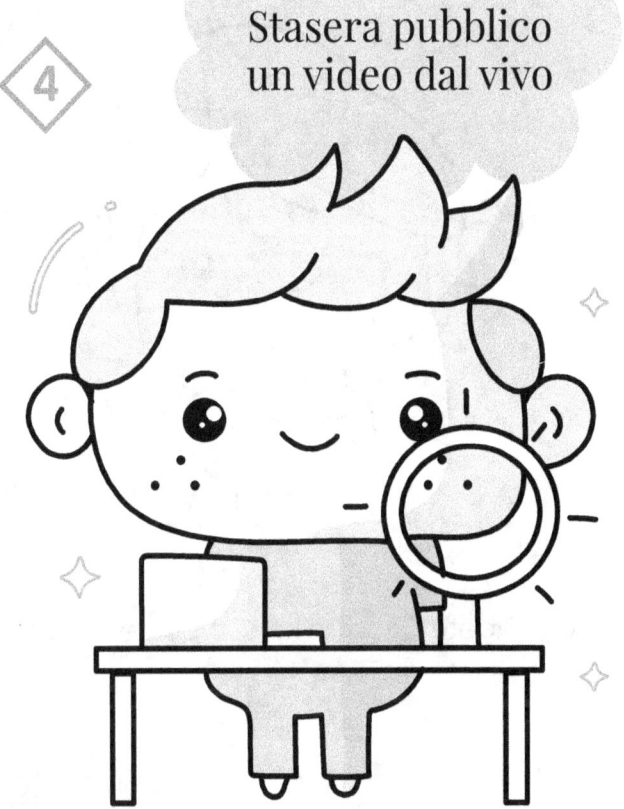

Stasera pubblico un video dal vivo

Coloriamo! Scegliete una varietà di colori

VIDEOGIOCATRICE
PROFESSIONALE

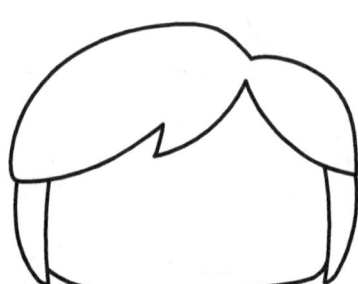

Ricordate che si parte sempre dall'alto

Quando si disegna il corpo, posizionare le mani verso l'interno

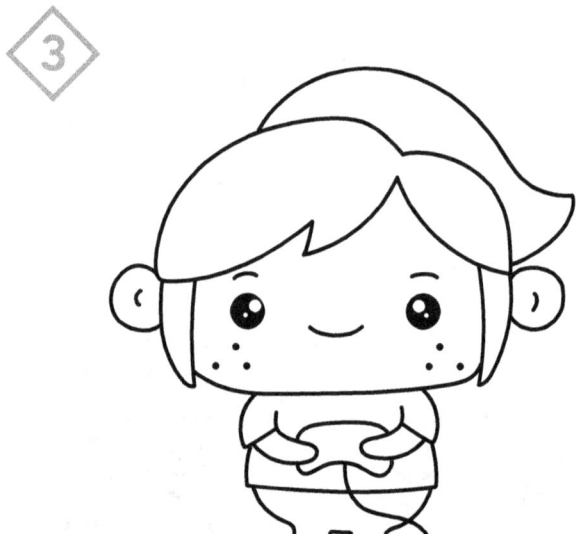

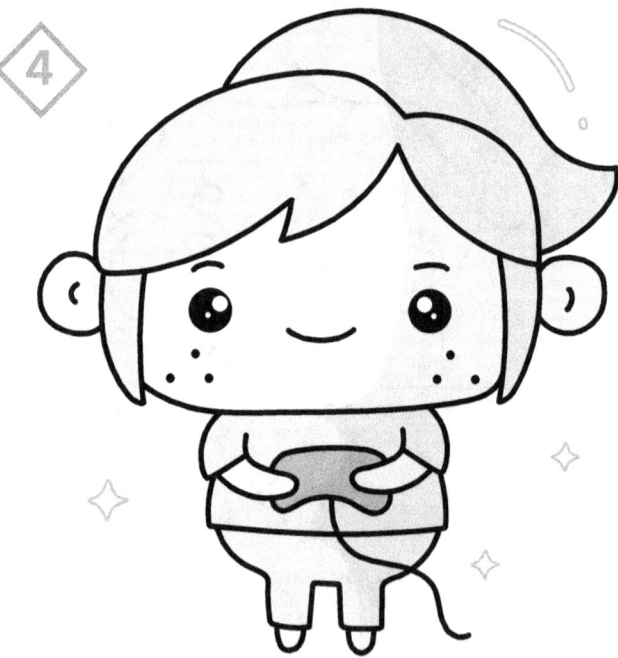

Aggiungete il controller di gioco e giocate!

Osate con un colore di capelli divertente

Giochiamo da
soli o in squadra?

MODELLA

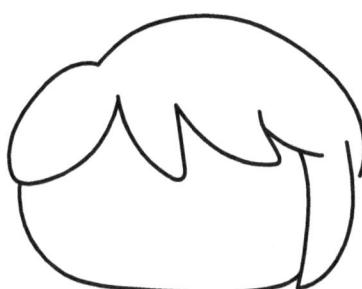

Disegnare la testa e la frangia

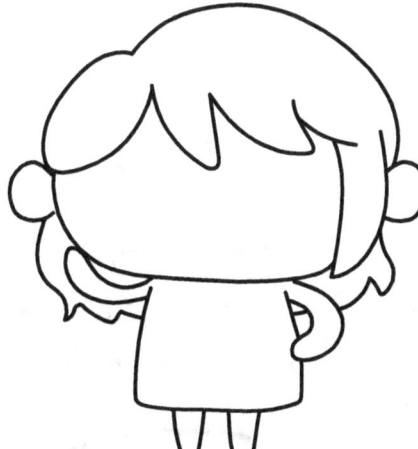

Silhouette completa di capelli e corpo

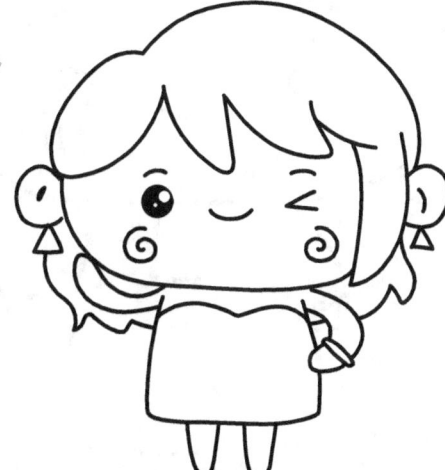

Aggiungete bracciali, orecchini e un abito senza spalline

Adoro le passerelle e le foto

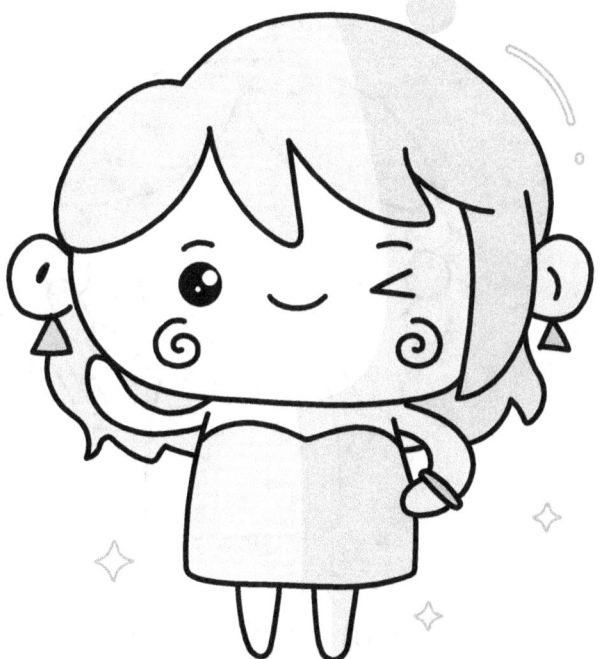

Usate un colore brillante per il vestito

GIUDICE

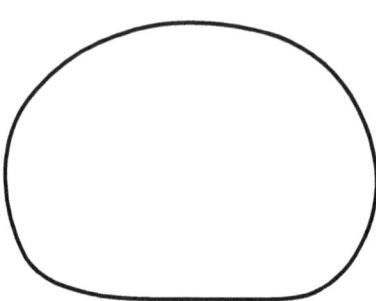

Iniziare con un cerchio appiattito

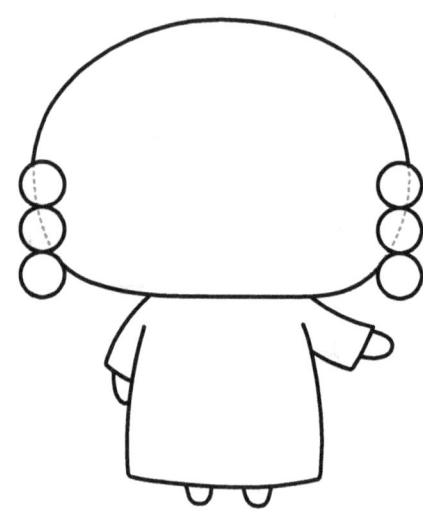

Aggiungere 2 strisce di cerchi ai lati

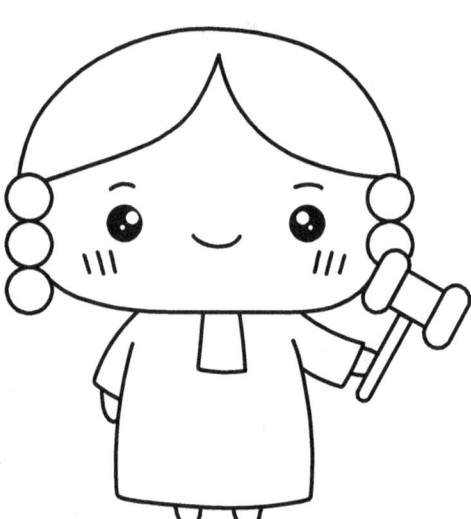

Non dimenticate il martello
della giustizia!

**Un mondo giusto
è un mondo
migliore**

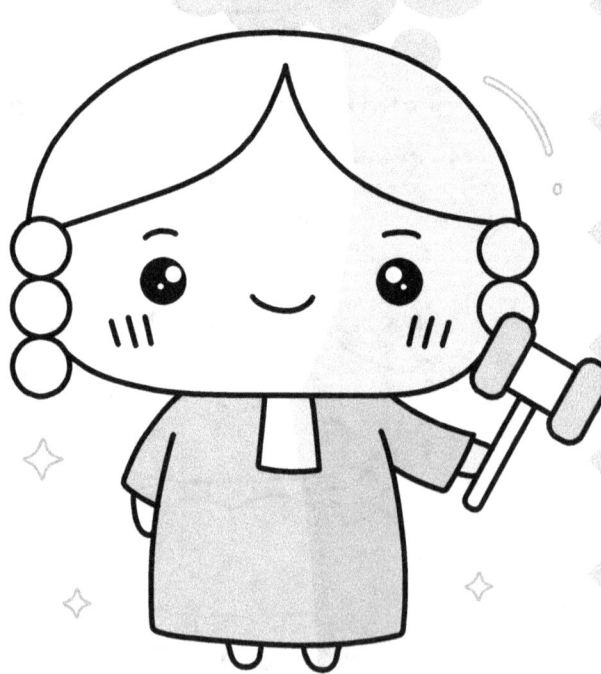

Coloriamo! L'abito è nero

FOTOGRAFO

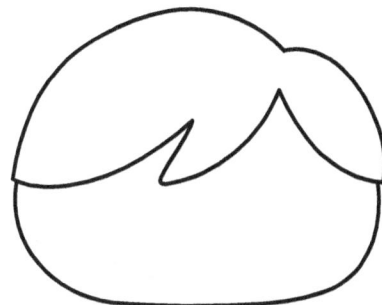

Sei già un esperto! Testa e capelli

Disegnare il corpo con il rettangolo per la fotocamera

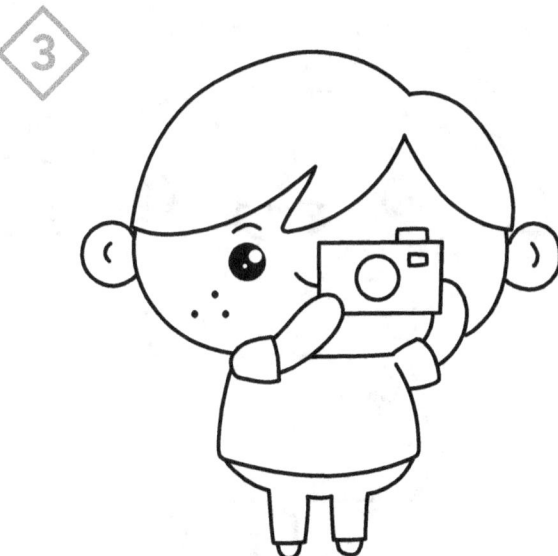

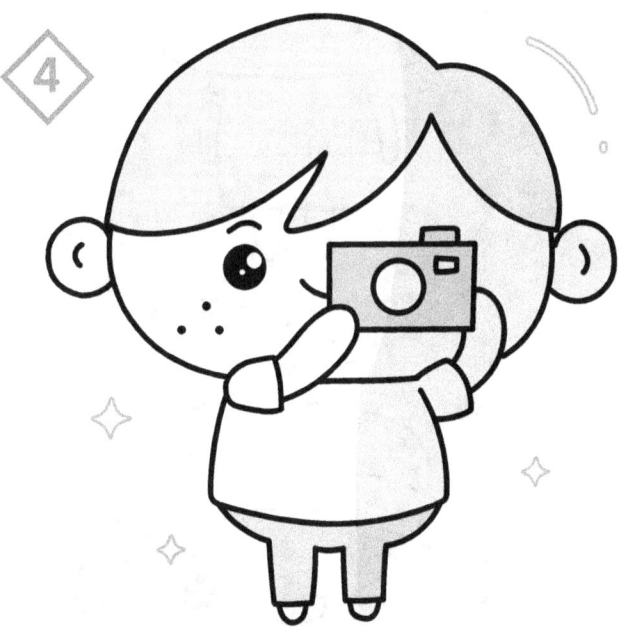

Altri dettagli e il viso semicoperto!

Coloriamo! Usate i vostri colori preferiti

Con la mia
macchina fotografica
catturo i momenti

POSTINO

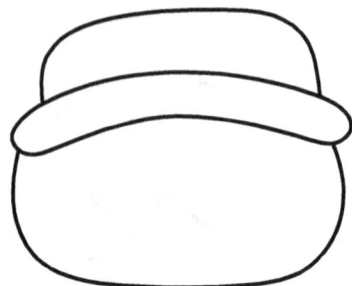

Disegnare 3 sagome arrotondate e appiattite

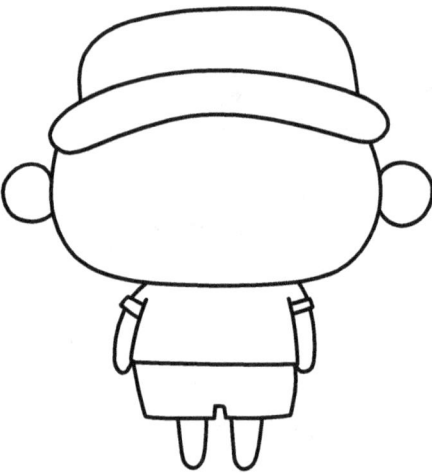

Ora la silhouette del corpo

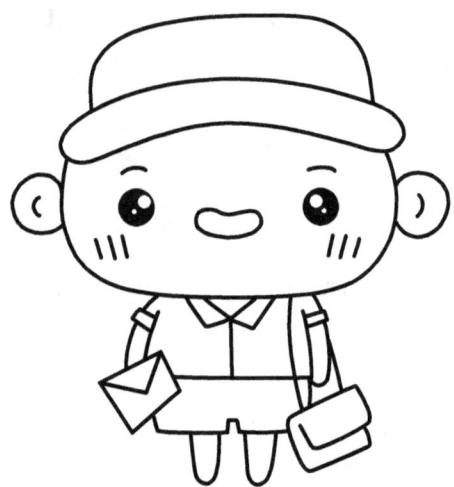

Aggiungere la borsa e le carte

Ho una lettera per voi

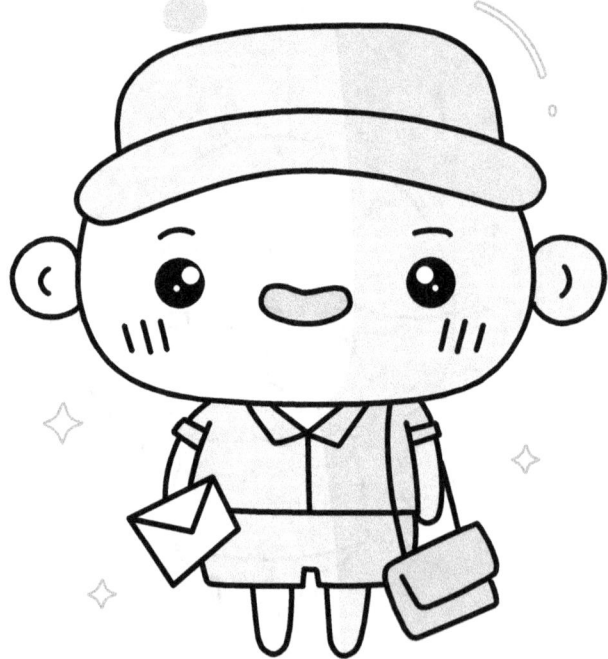

Utilizzare lo stesso colore per l'intera uniforme

PESCATORE

1

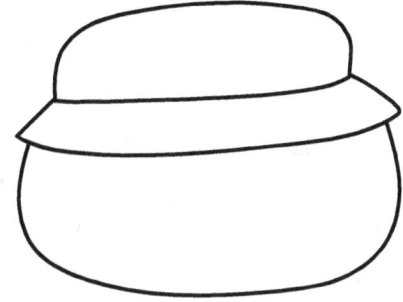

Disegnare un cappello su una testa

2

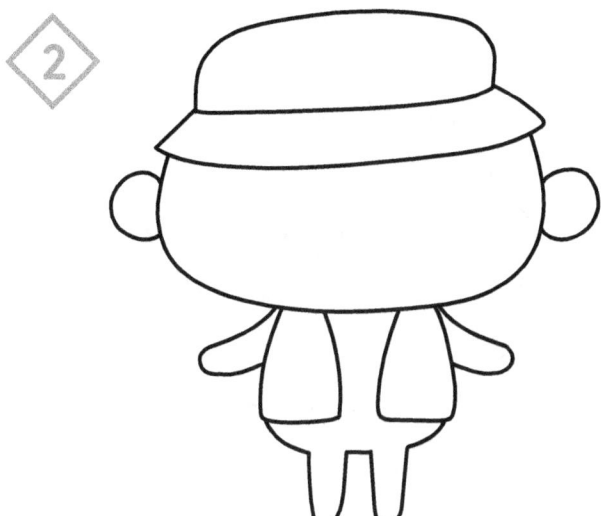

Ora aggiungete un corpo con un gilet

3

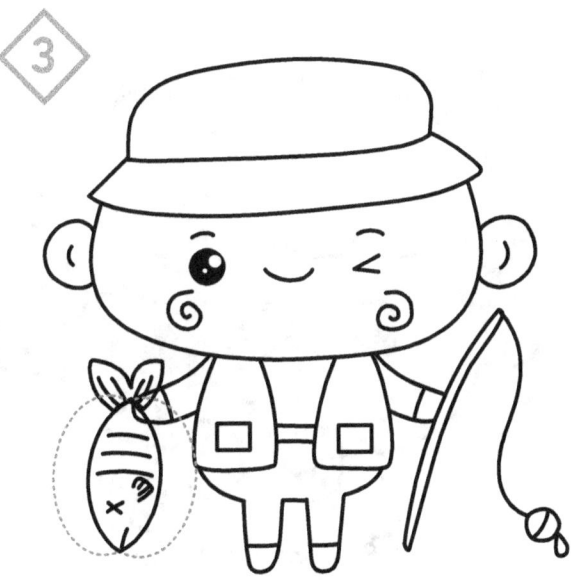

Ci è riuscito! Aggiungi un pesce in una mano e una canna da pesca nell'altra

4

Vado a pesca all'alba

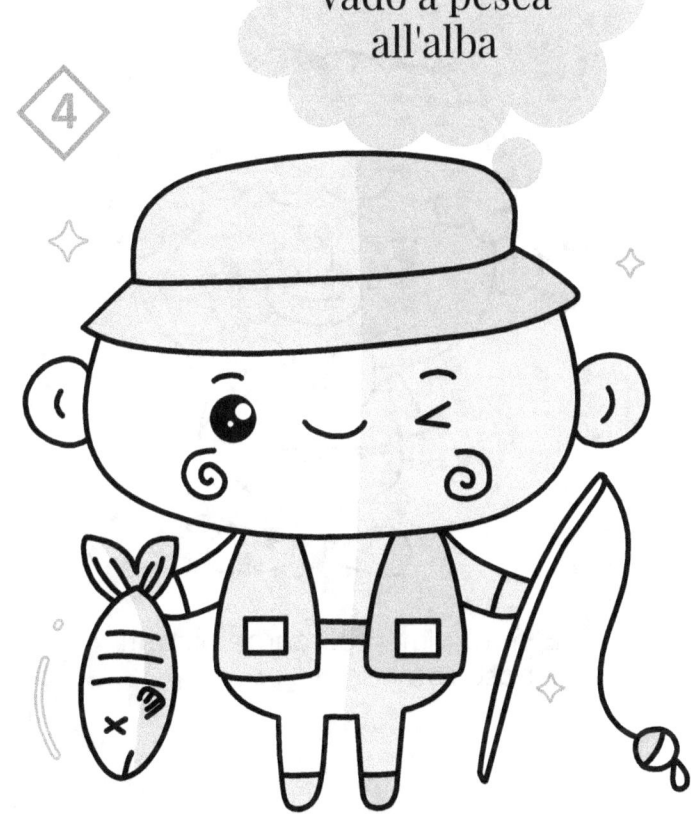

Coloriamo! Usare i colori mimetici

PAGLIACCIO

Disegnare una nuvola sopra una testa

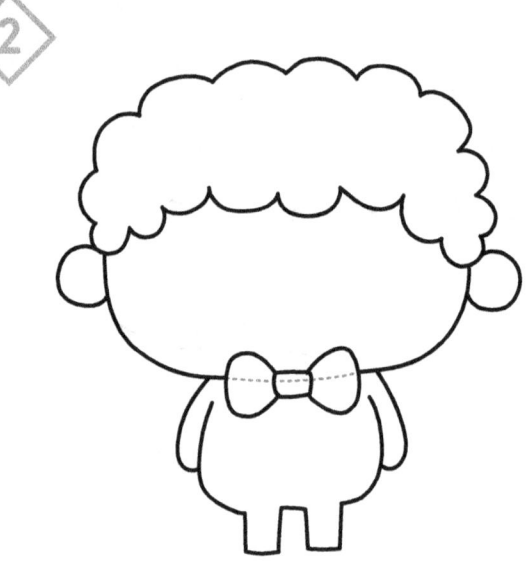

Ora il corpo e un grande papillon

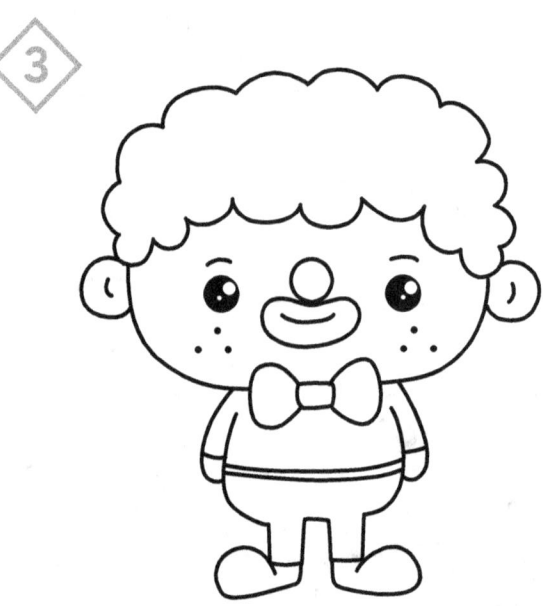

E, naturalmente, scarpe giganti
e naso rotondo

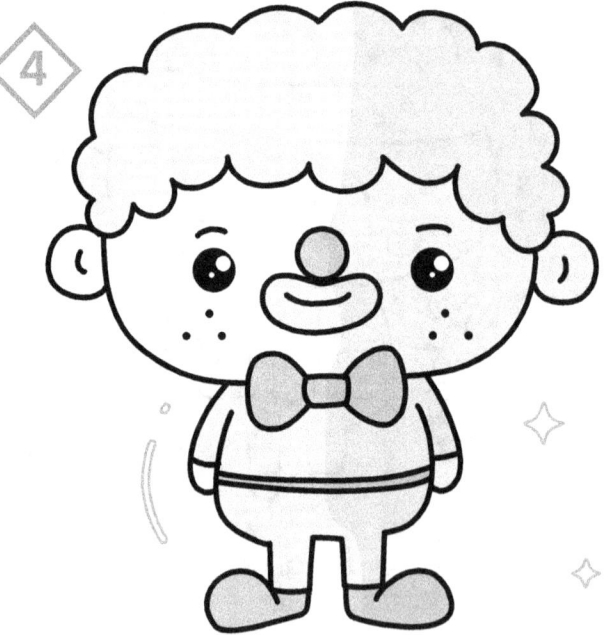

Coloriamo! Scegliete un rosso per il naso

Faccio ridere
i bambini

MARINAIO

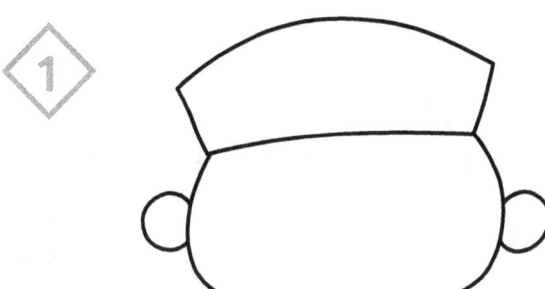

Iniziare con una testa con un cappello da marinaio

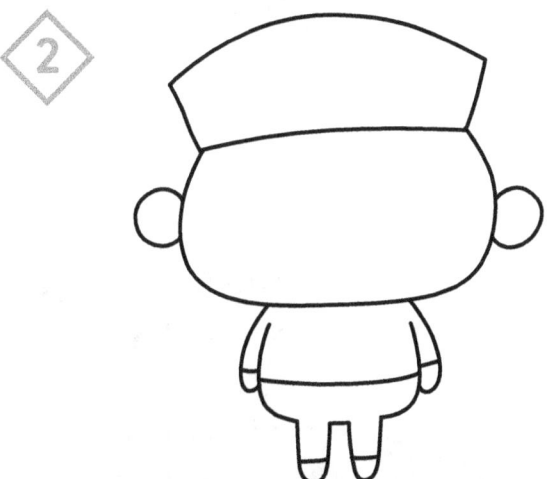

Disegnare un corpo normale

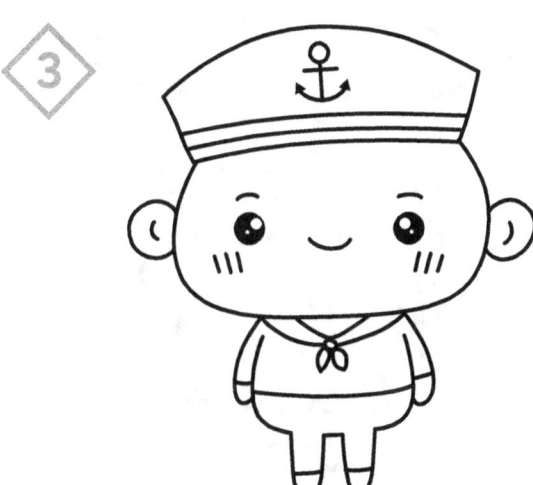

Una sciarpa intorno al collo e l'ancora nel cappello

Posso andare avanti per mesi senza mettere piede sulla terraferma

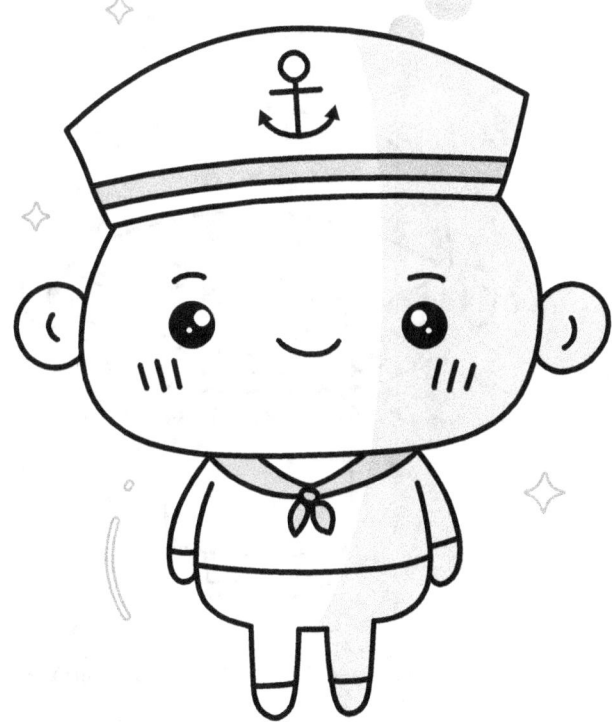

L'uniforme da marinaio è bianca e i dettagli sono blu navy.

CHIRURGO

1

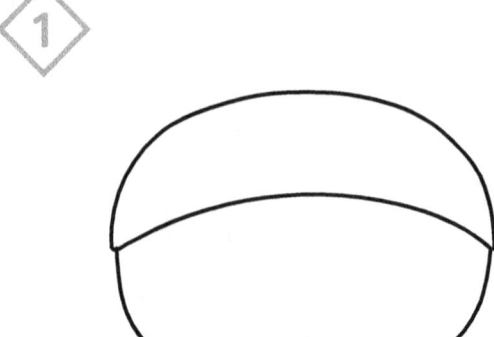

Disegna la forma di una ciotola con una luna sopra di essa

2

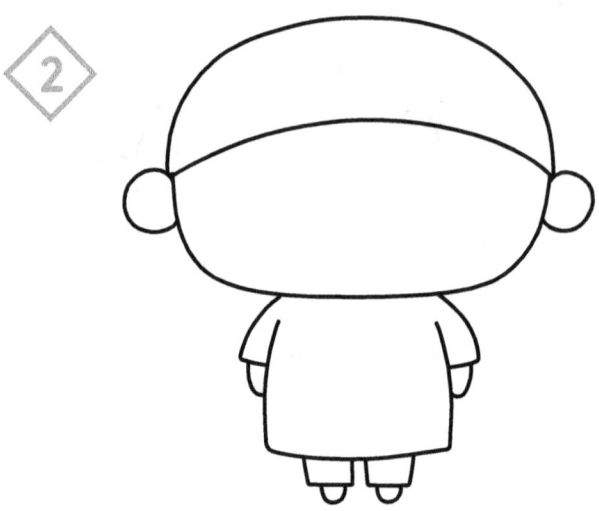

Ora il camice del chirurgo

3

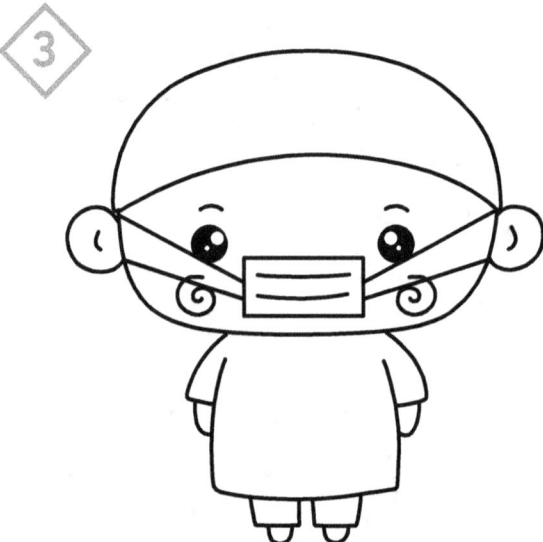

Le guance sono a forma di spirale

Salvo vite negli ospedali

4

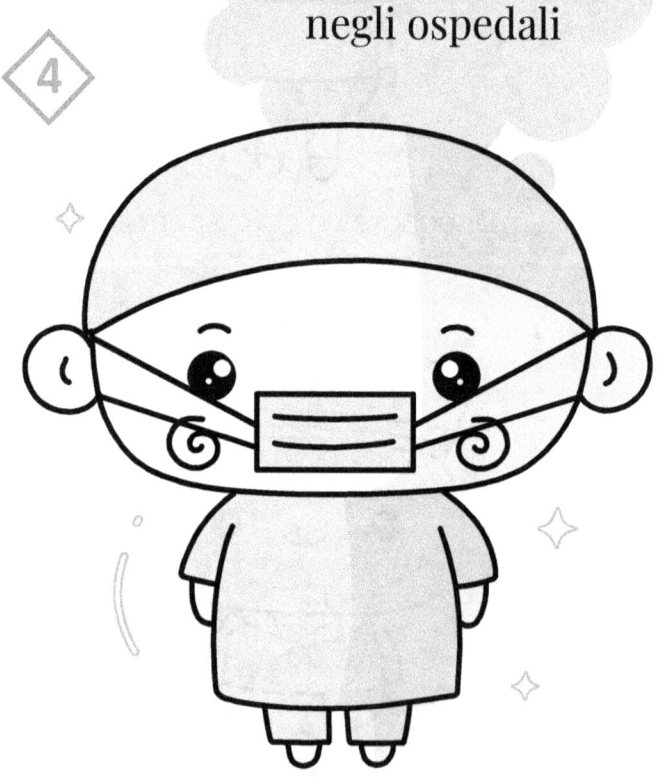

Coloriamo! Il camice e la maschera sono solitamente di colore verde smeraldo

SOLDATO

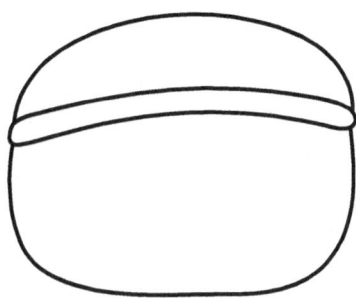

Si inizia con forme ovali e quadrate

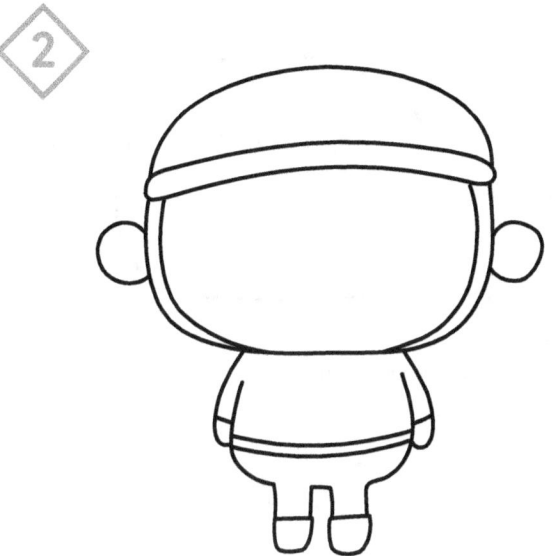

Ora disegna il corpo e il casco

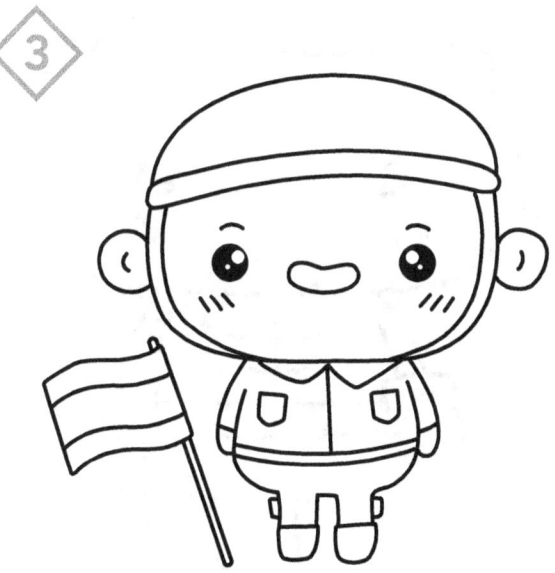

Molto importante! La bandiera del vostro Paese

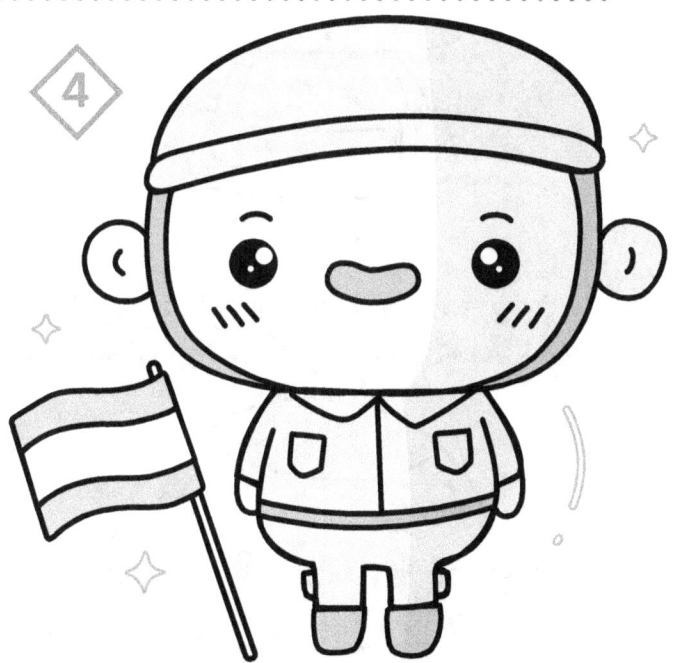

Colorate i vestiti di verde militare e la bandiera come quella del vostro Paese

Proteggo e
servo il mio Paese

PUGILE

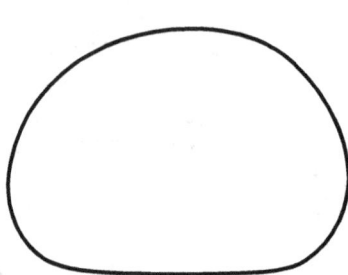

Disegnare un cerchio appiattito

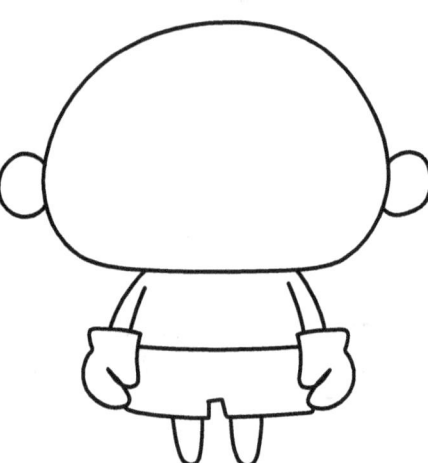

Esagera le dimensioni dei guanti

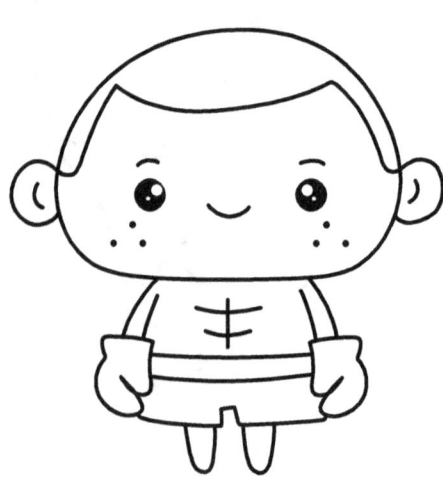

È forte! Segna i suoi muscoli e lascialo con i capelli rasati

Mi alleno molto duramente prima di ogni incontro

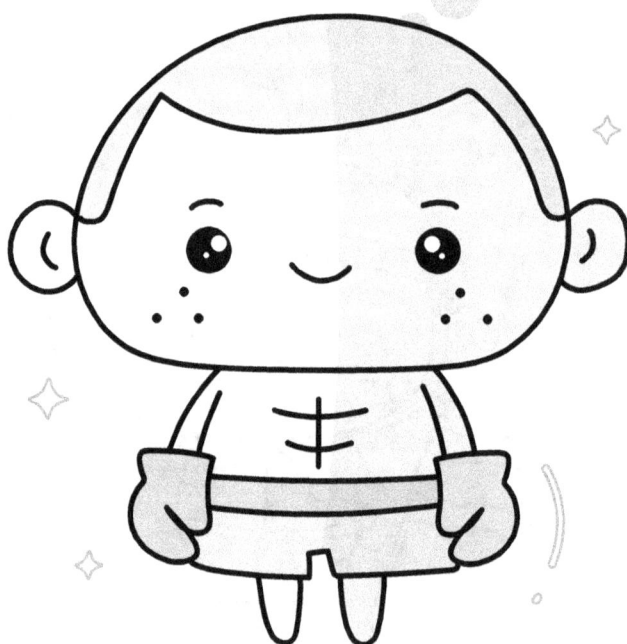

Che ne dite di guanti rossi?

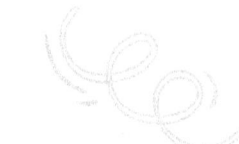

POLIZIOTTA

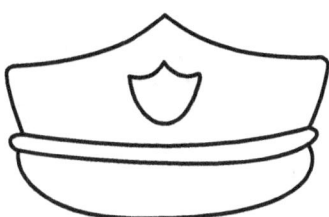

Inizia con un cappellino con 3 punte in alto e lo scudo al centro

Fate il corpo e i capelli in una coda di cavallo

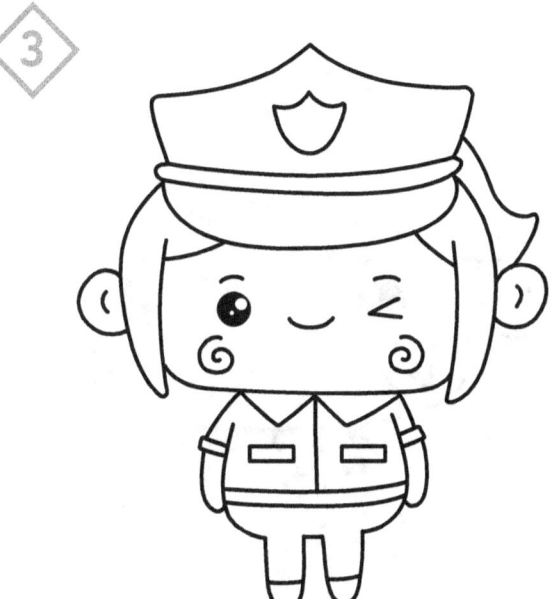

Mancano tutti i dettagli dell'uniforme!

Le strade devono essere sicure

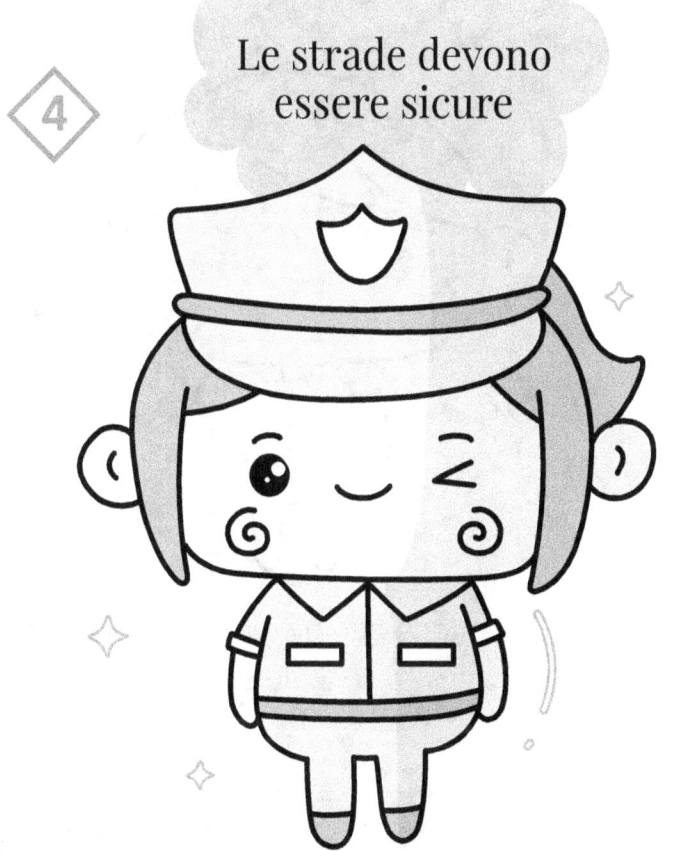

Colorate l'uniforme di blu!

SACERDOTE

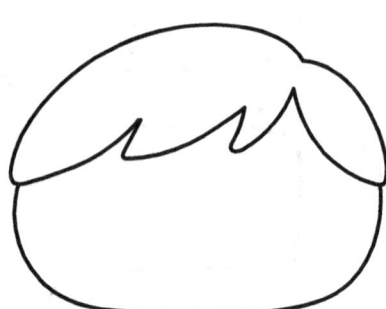

Primo passo: testa e capelli con 4 punte

I sacerdoti vanno ovunque con la loro Bibbia, disegnagli un libro rettangolare in mano

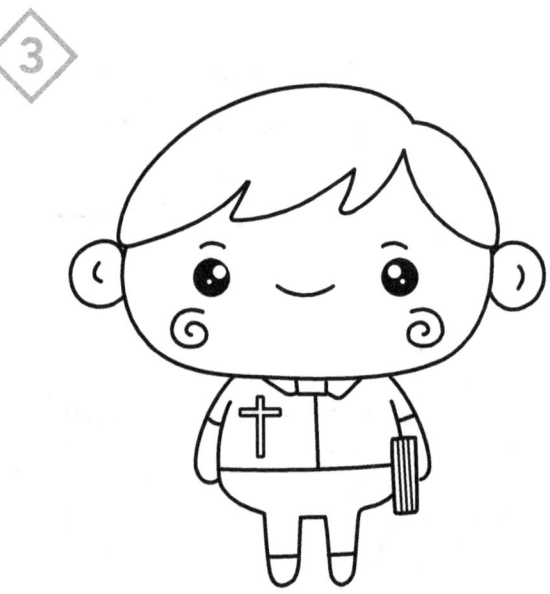

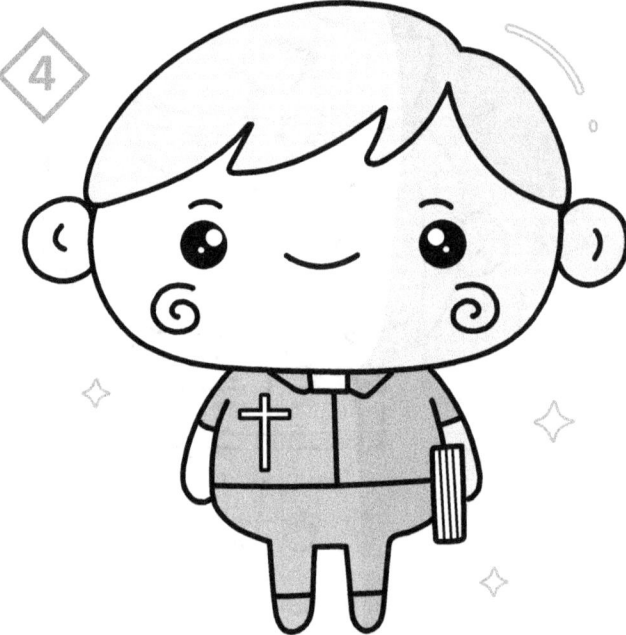

Tante righe per la croce e i fogli della Bibbia

Coloriamo! I vestiti sono solitamente neri

Diventiamo tutti
persone migliori

MAGO

1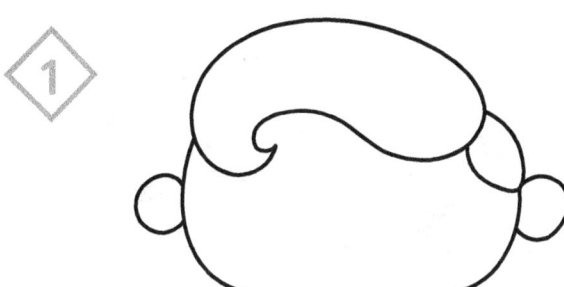

Creare la testa con capelli a spirale

2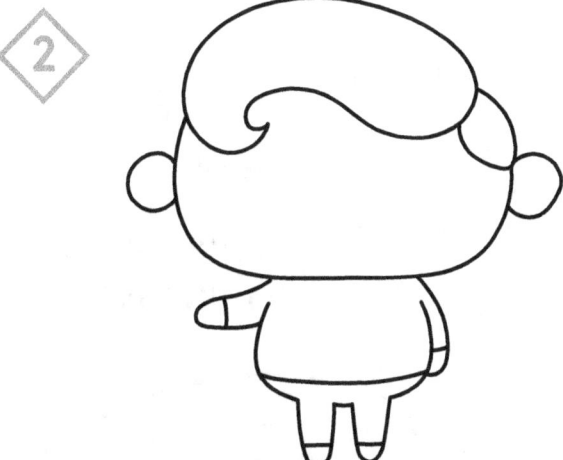

Come sempre! La silhouette del corpo

3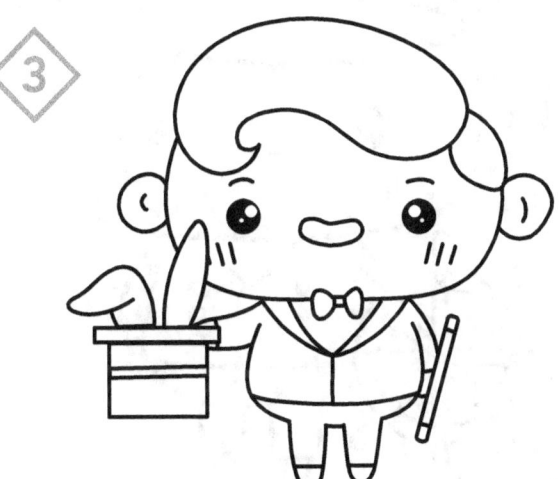

I dettagli! Un cappello con lunghe orecchie da coniglio e la bacchetta magica

4

Abracadabra!

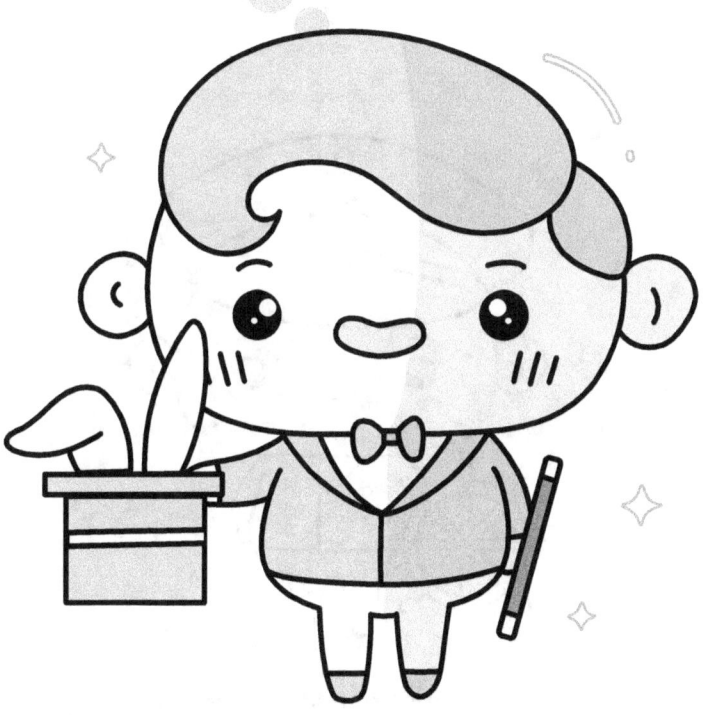

Coloriamo! Il viola è il colore della fantasia

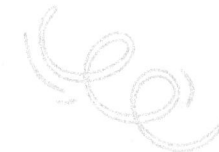

CAPITANO
DI NAVE

1

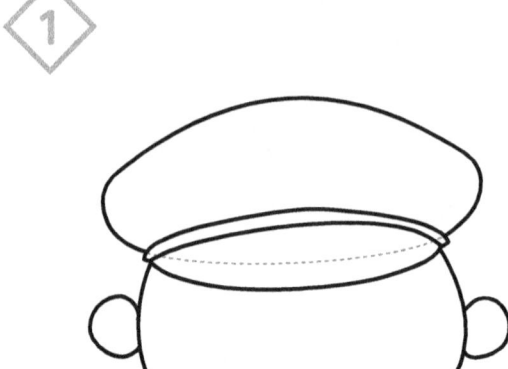

Iniziare dalla sommità della testa con un berretto leggermente appuntito

2

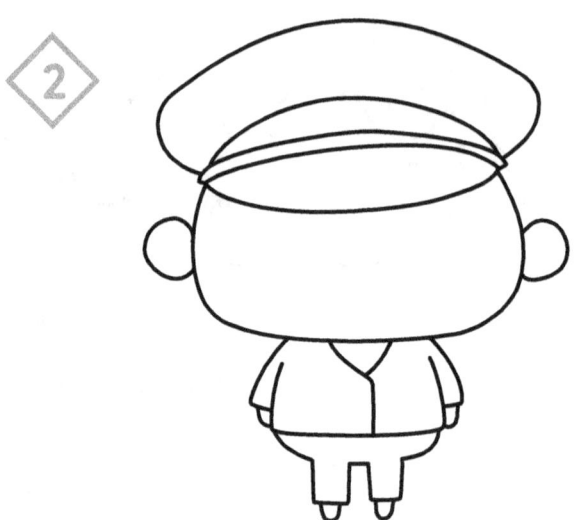

Vestirlo con una camicia a doppio petto

3

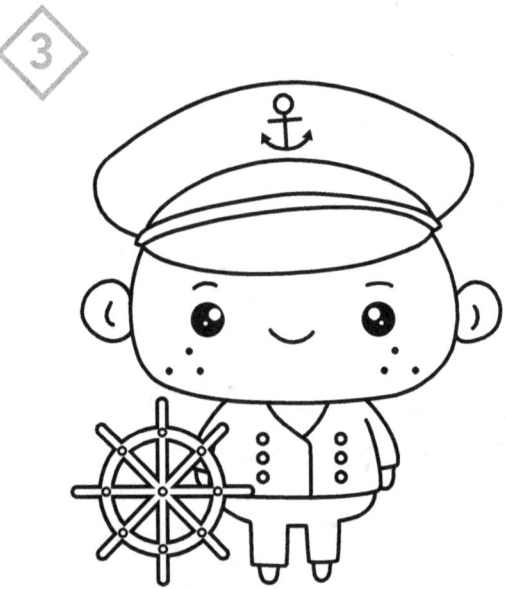

Con 1 cerchio e 4 linee incrociate si ottiene il timone della nave

4

Il mare è la mia casa

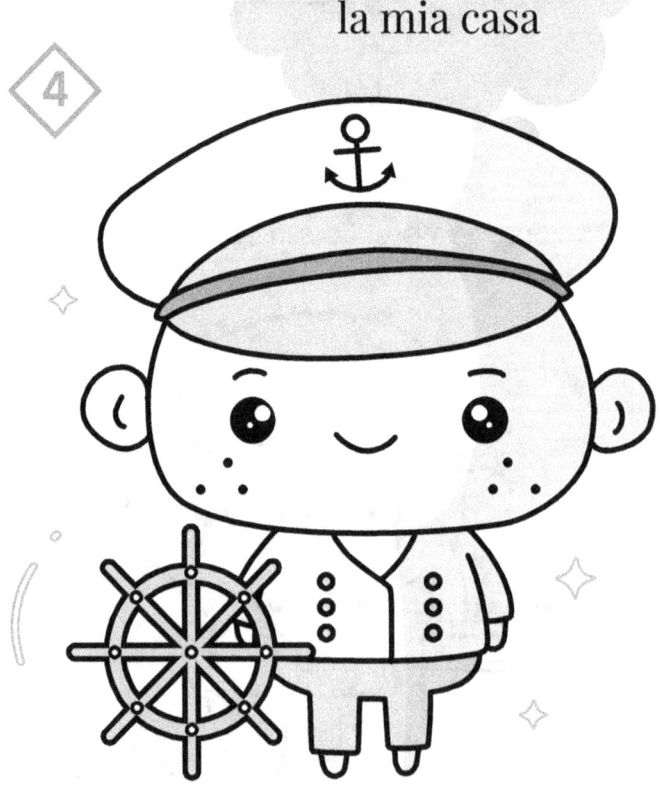

Che ne dite del blu navy e del bianco?

CUSTODE

①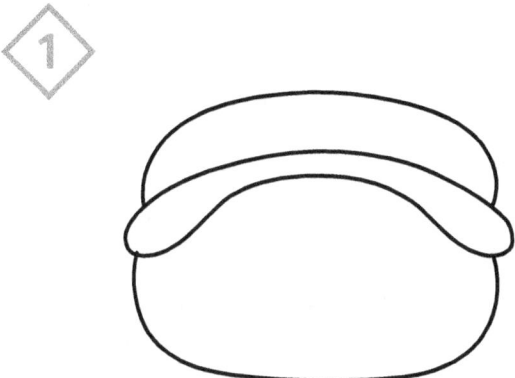

Creare 3 forme arrotondate per la testa

②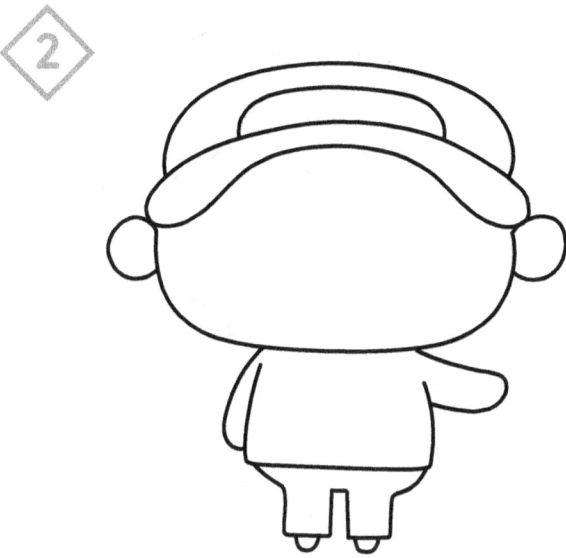

Continua con il corpo e un braccio disteso

③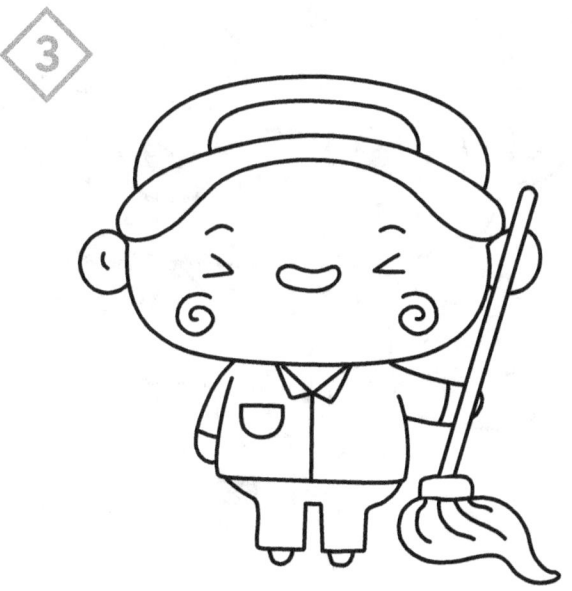

E il mocio! Per tenere pulito il pavimento

④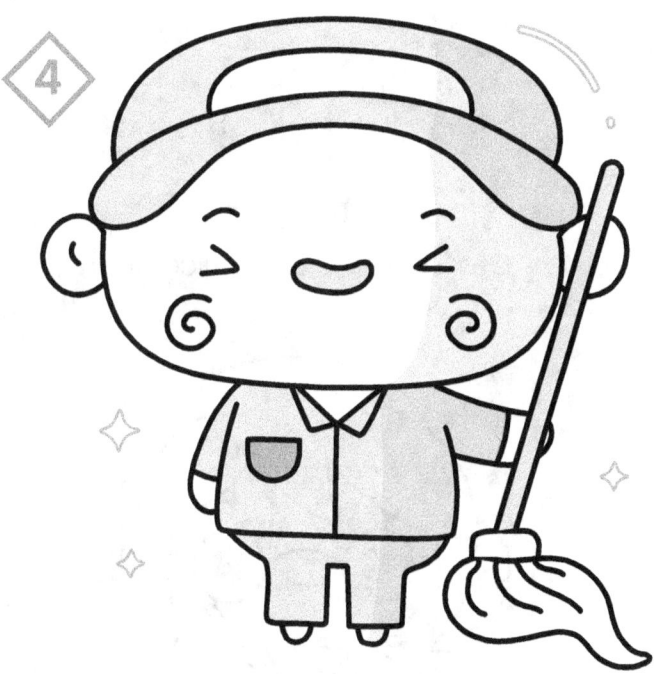

Colora l'uniforme di blu o marrone

Siamo cordiali
e disponibili

SCIENZIATA

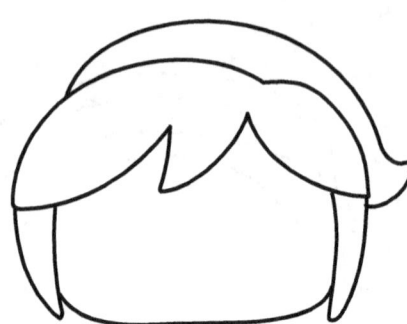

Disegnate la vostra ragazza con le trecce

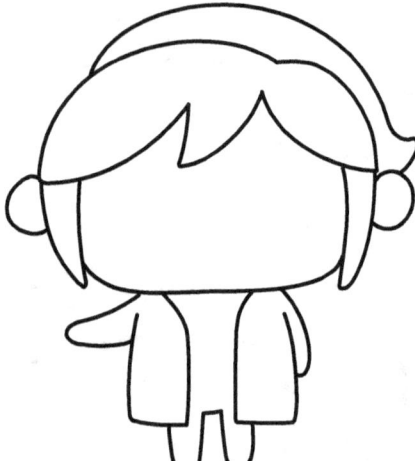

Ora il corpo e un camice aperto

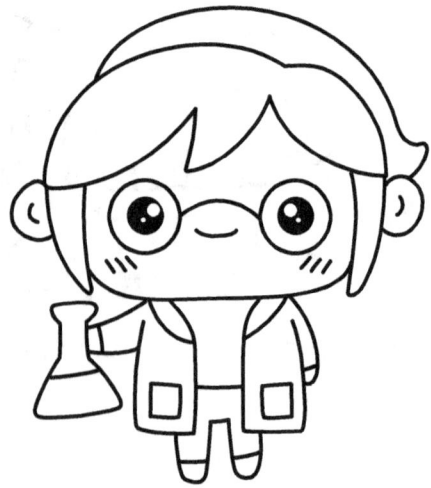

Aggiungete un vaso di laboratorio gigante e occhiali rotondi

Sono curiosa e organizzata

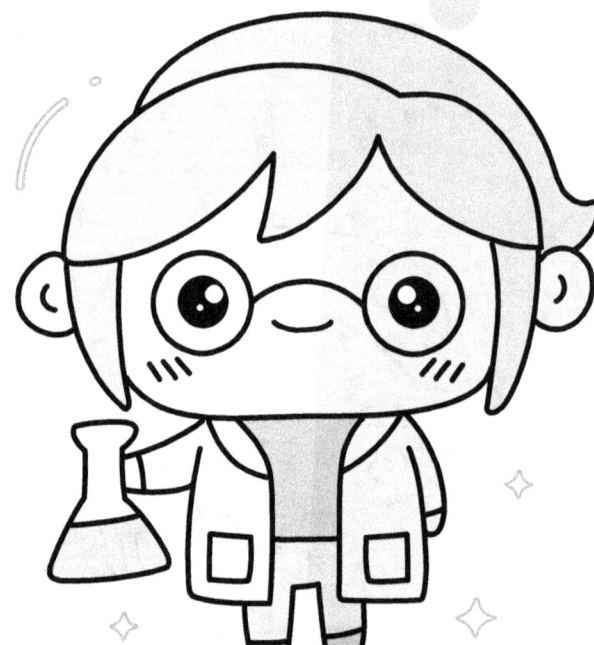

Coloriamo! Scegliete il vostro colore preferito

PUBBLICITARIA

1

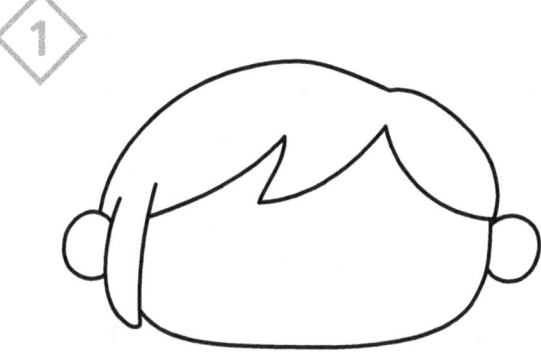

Disegnare la base della testa con le frange

2

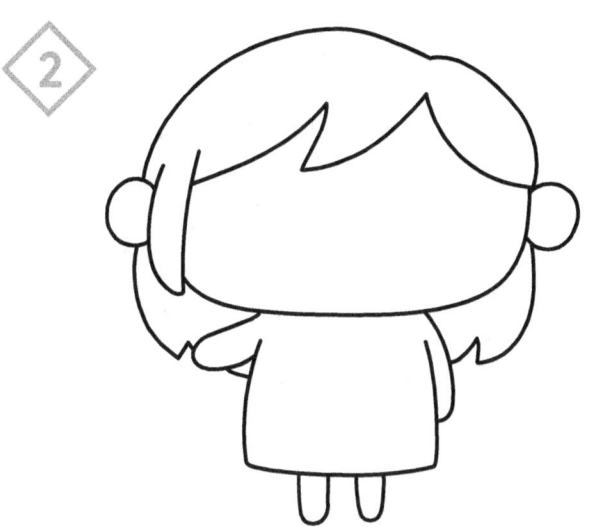

Rifinite i capelli e disegnate un vestito

3

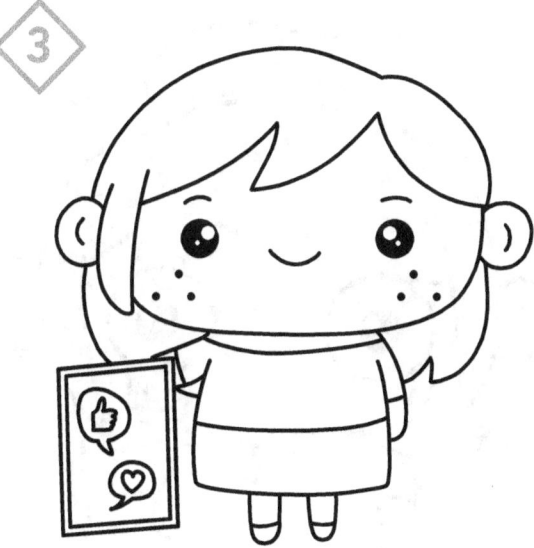

Infine, il pannello delle idee e il sorriso!

4

Le mie idee faranno vendere il vostro prodotto

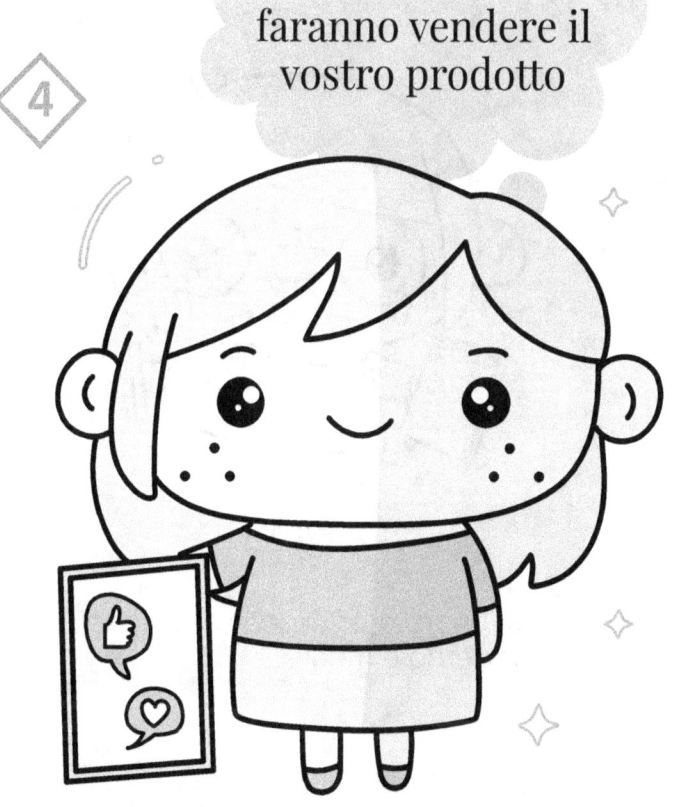

Si può colorare di qualsiasi colore si desideri

PROGETTISTA

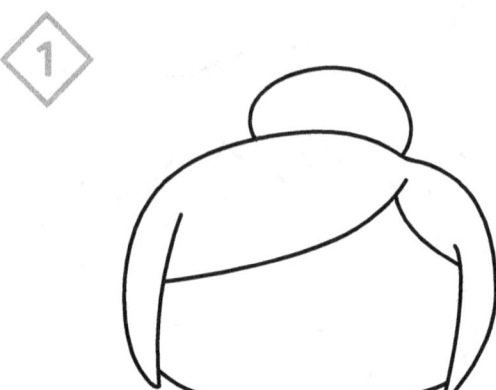

① Un cerchio appiattito come base e 2 punte sui lati

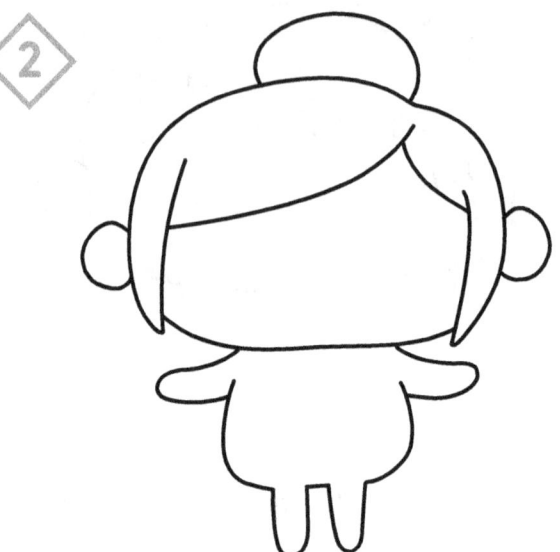

② Ora un corpo rotondo

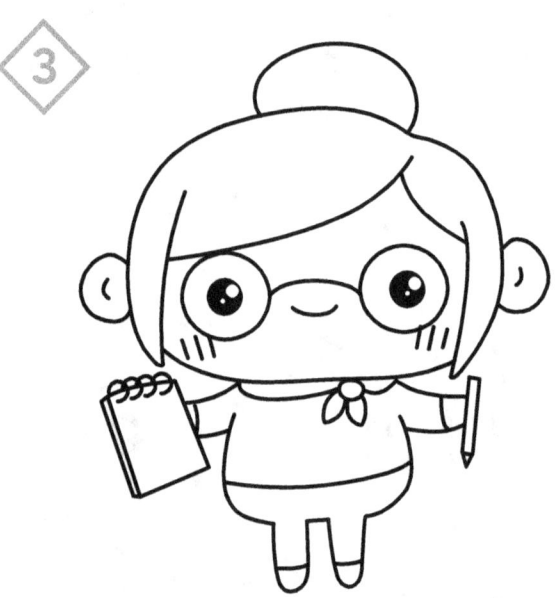

③ Disegnare grandi occhiali rotondi, quaderno e matita

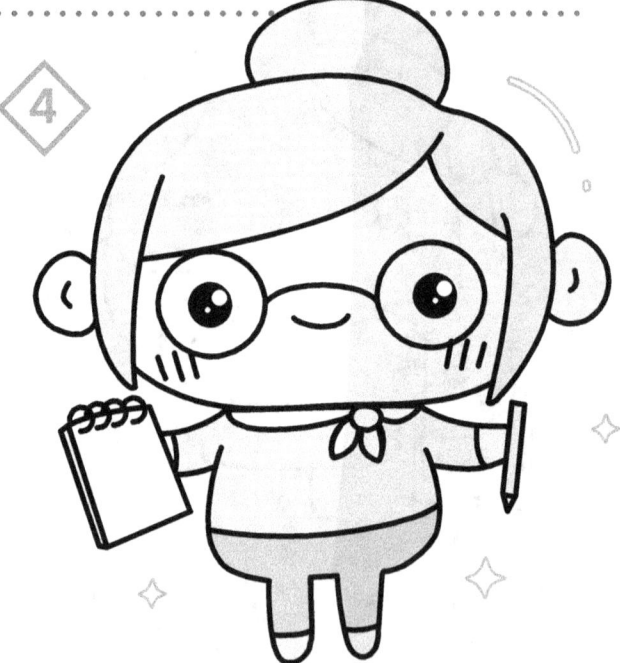

④ Coloriamo! Usate colori allegri

Sono creativa e organizzata

INVESTITORE

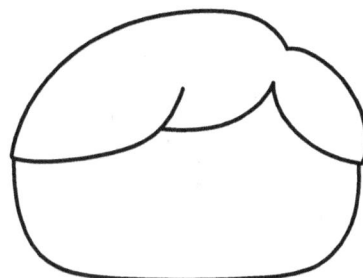

Crea un cerchio di forma irregolare
e capelli ben curati

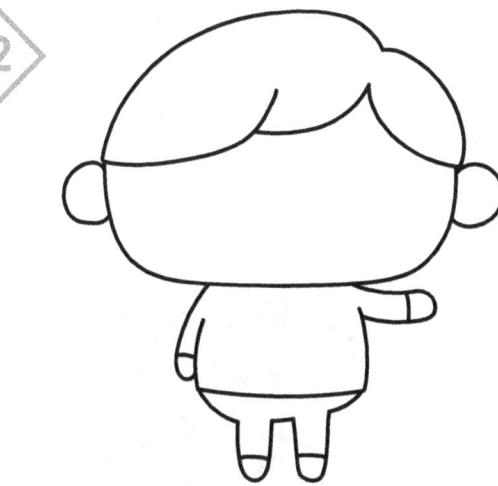

Iniziare con pantaloni e maglietta

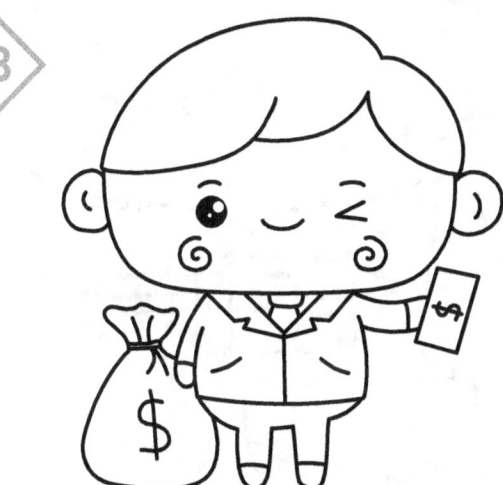

Trasformate la sua T-shirt in una giacca
e aggiungete un sacco di soldi

Sostengo le idee
con il mio
denaro

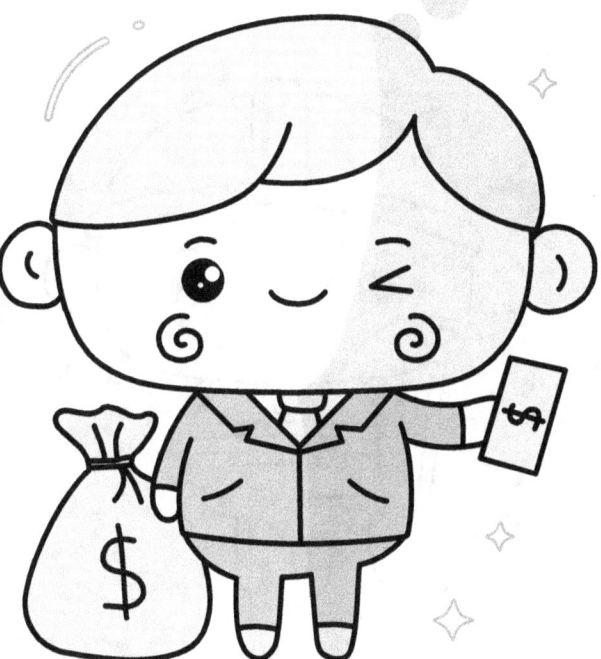

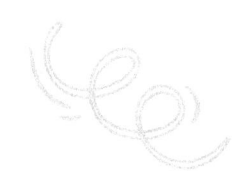

Colorate la banconota di verde!
e l'abito scuro

OPERAIO

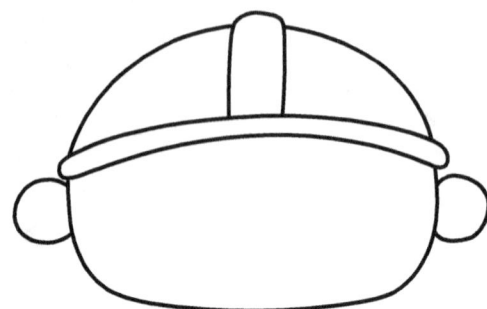

Iniziare con la silhouette della testa con il casco e le orecchie rotonde

Quando si disegna il corpo, posizionare un braccio aperto

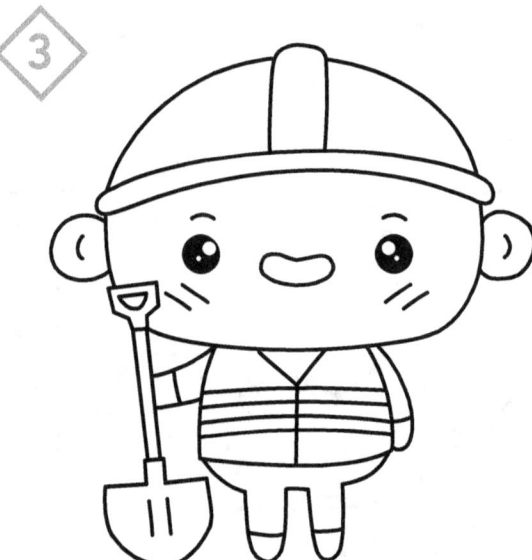

Rifinire i dettagli del gilet riflettente e aggiunge una grande pala

Costruiamo città

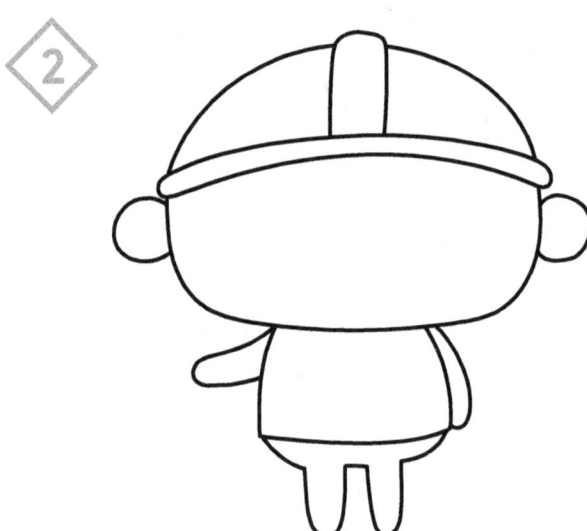

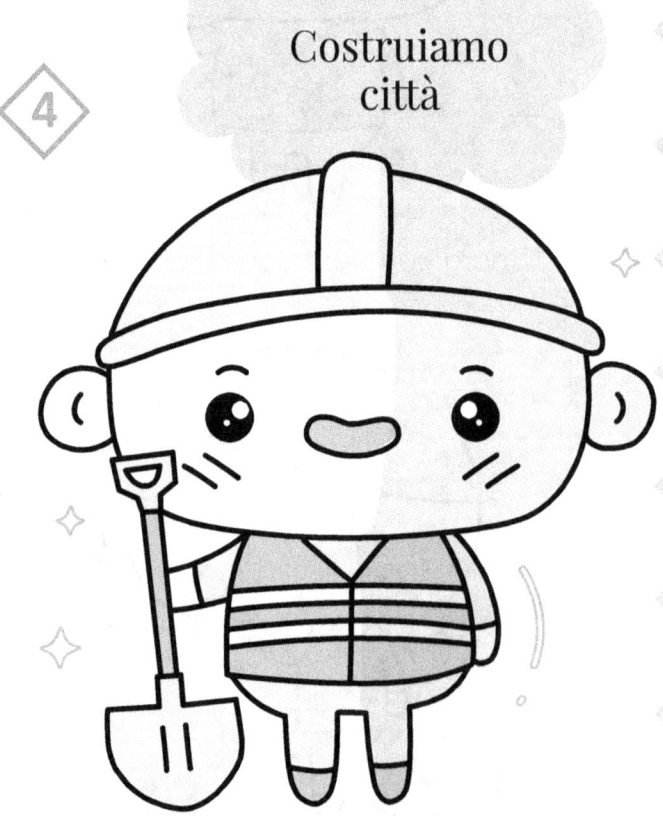

Coloriamo! Scegliete il giallo per il casco

IMBIANCHINO

1

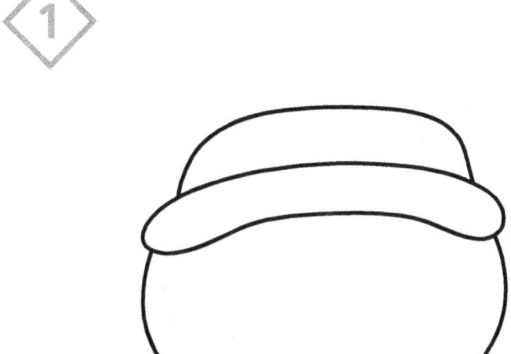

Realizzare una testa circolare con una calotta

2

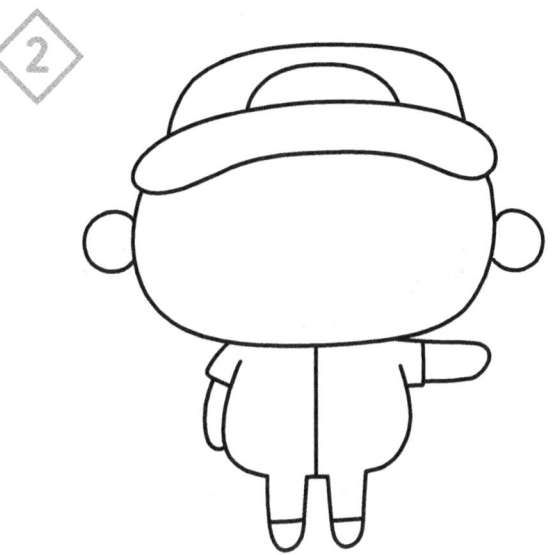

Vestitelo con una tuta da operaio e una cerniera al centro

3

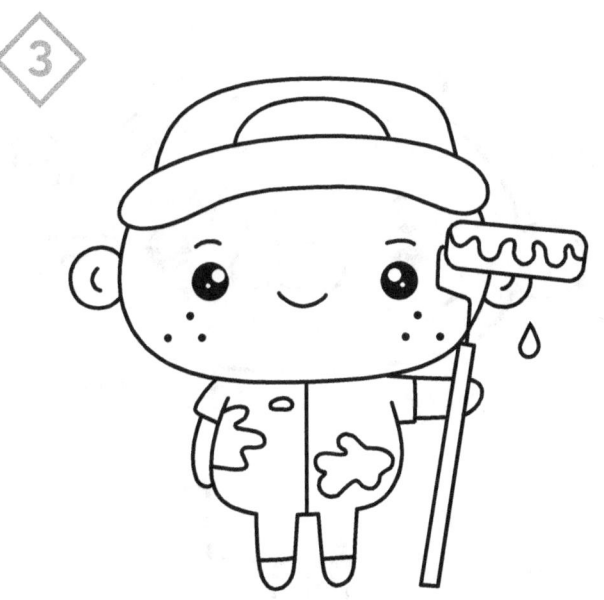

Aggiungere il rullo e le macchie di vernice

4

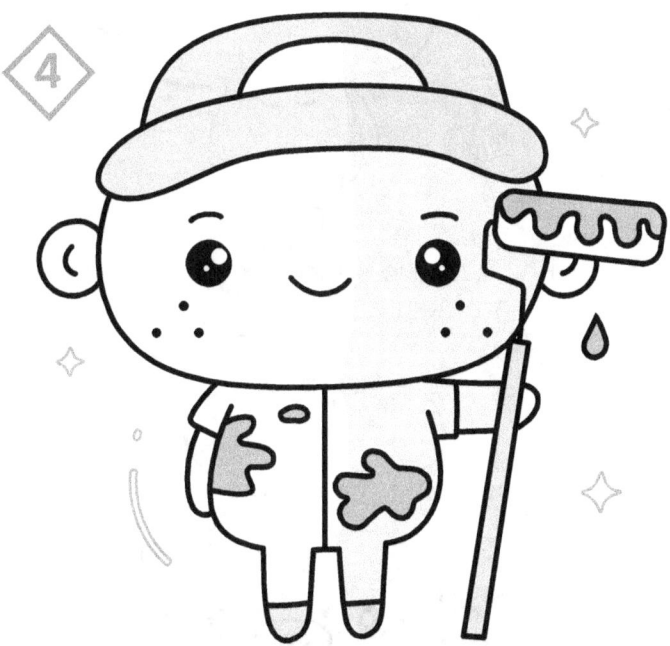

Di che colore è la parete della tua stanza?

Colori caldi
o freddi?

PANETTIERE

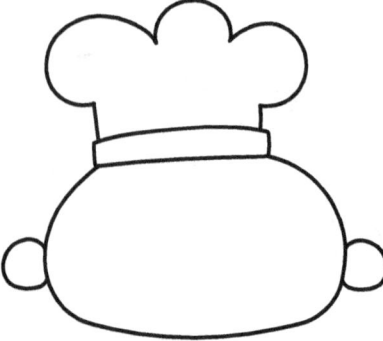

Iniziare con il cappello da chef

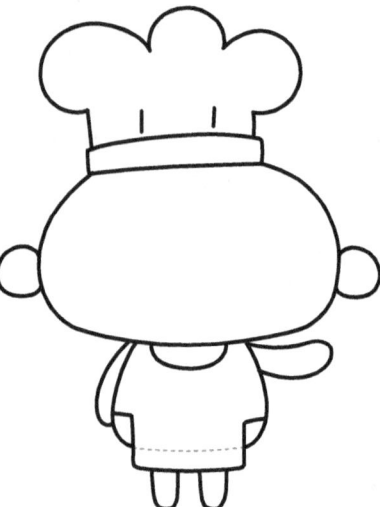

Realizzare la sagoma di un corpo con un grembiule

La cosa più importante è il pane appena sfornato!

Mi alzo presto per fare il pane fresco

Lasciare il grembiule bianco e colorare il resto

ASSISTENTE
DI EVENTI

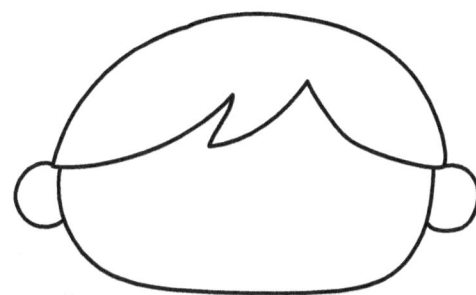

Disegnare una testa con una frangia su un lato

Continua con il vestito e le gambe

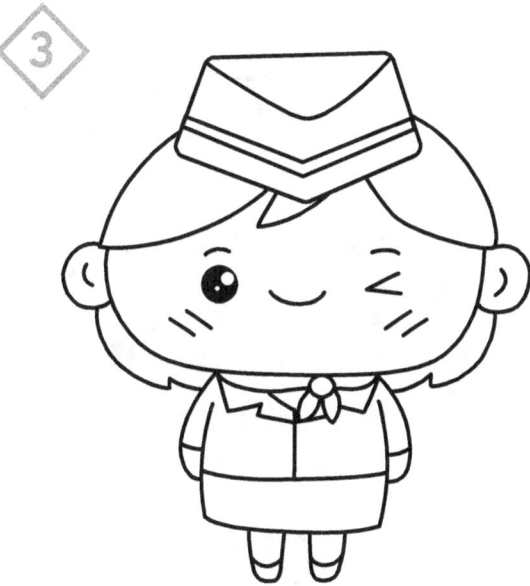

L'uniforme da hostess ha di solito un fazzoletto da collo e un cappellino

Sono qui per aiutarvi

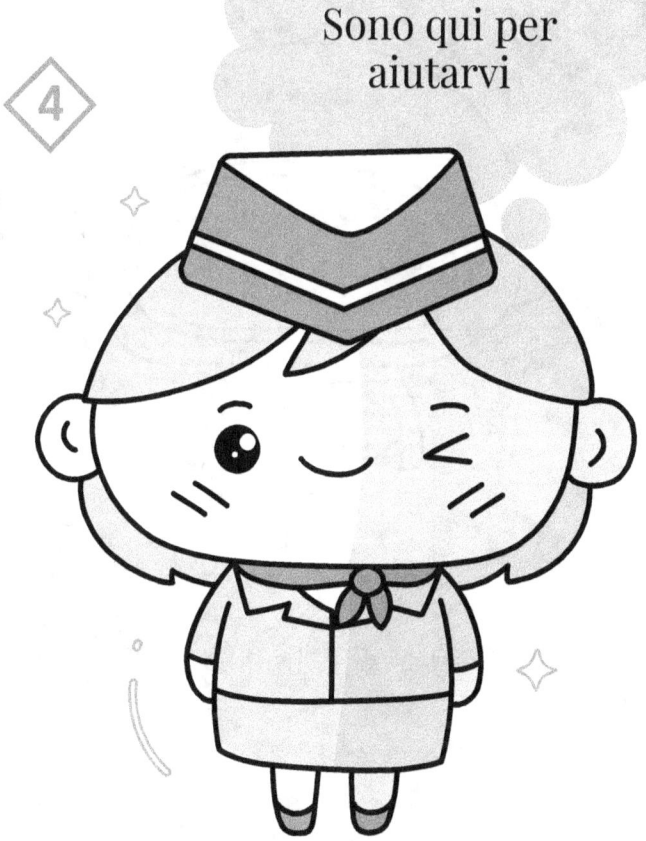

Colorate l'uniforme di un unico colore!

ASTRONAUTA

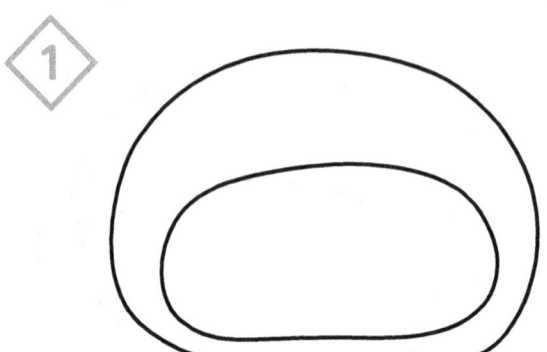

1

Crea forme curve, una dentro l'altra

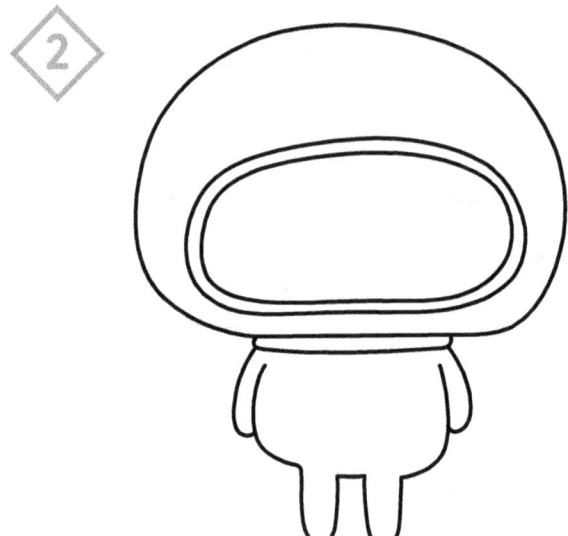

2

Disegnare il corpo e il contorno della figura curva al centro

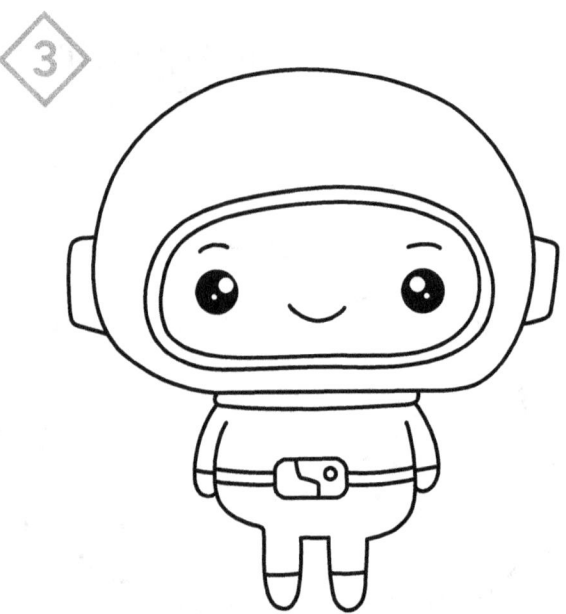

3

Aggiungete i dettagli e un grande sorriso

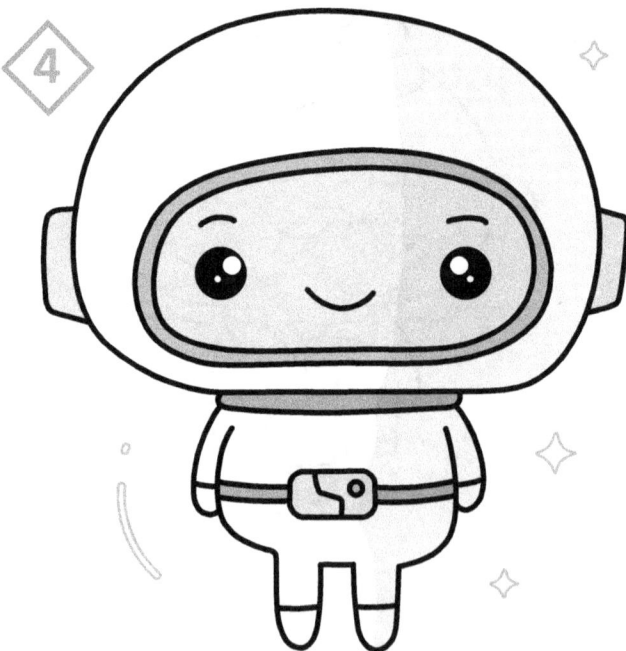

4

Colorate i dettagli e lasciare la tuta bianca

Ho viaggiato
sulla Luna

GUARDIA
DI SICUREZZA

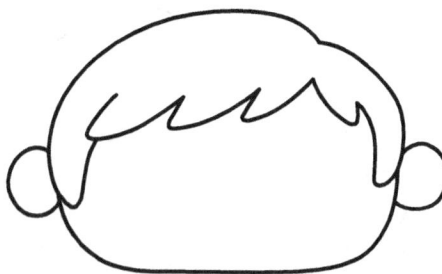

Disegnare un cerchio appiattito
e 2 orecchie

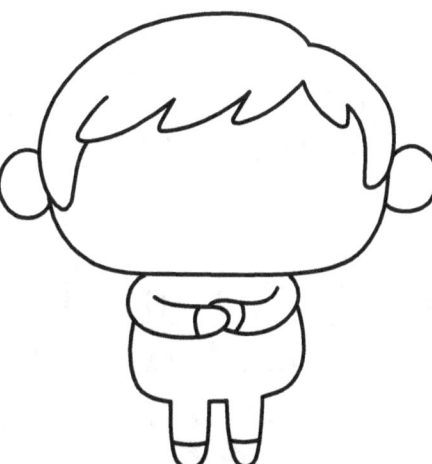

Continua per braccia conserte

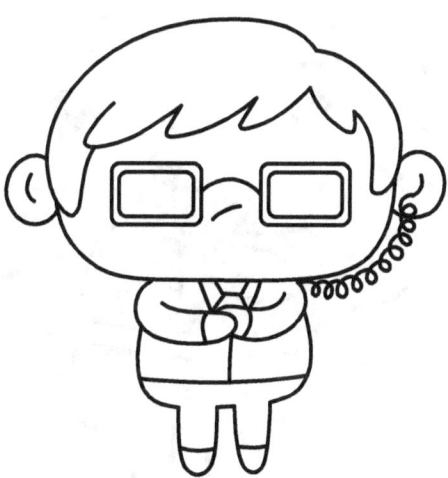

Fate una faccia seria con occhiali
quadrati e un auricolare

Non abbasso
la guardia, sto
sempre all'erta

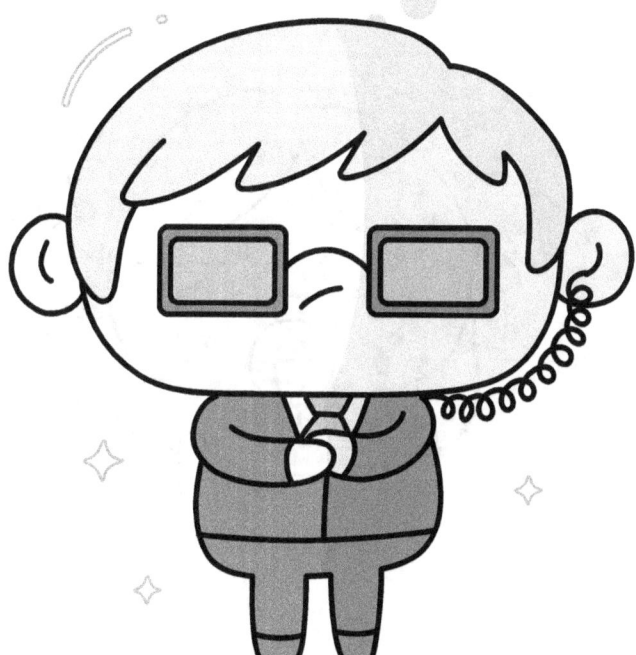

Coloriamo! Scegliete i colori scuri

CANTANTE

1

Disegnare la testa classica con frangia aperta

2

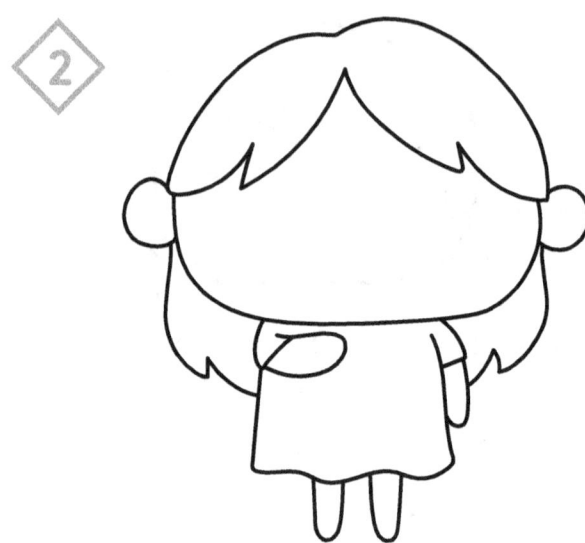

Completare l'acconciatura e aggiungere un abito

3

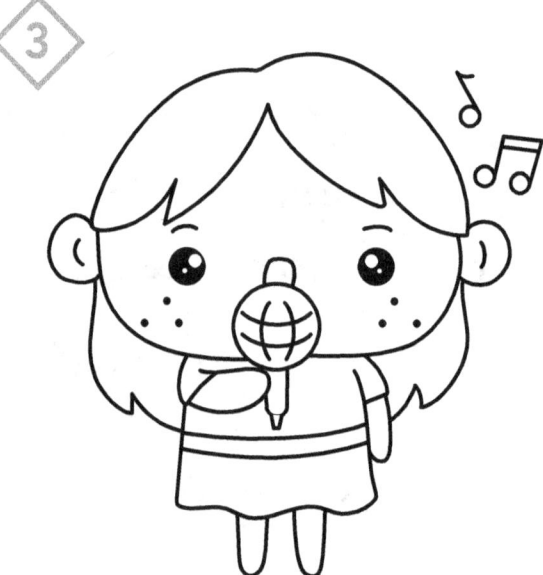

Falla cantare! Aggiungi un microfono e note musicali

4

Che tipo di musica ti piace?

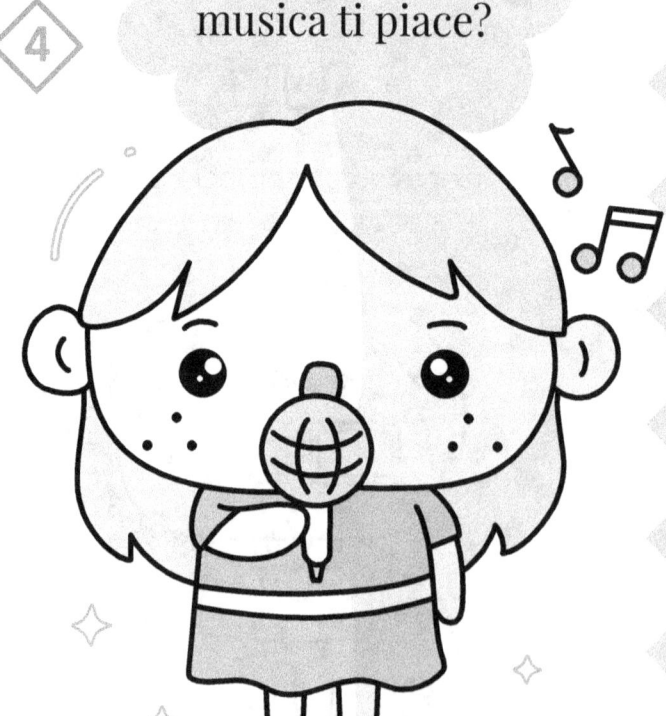

Coloratelo con colori vivaci!

INVESTIGATORE

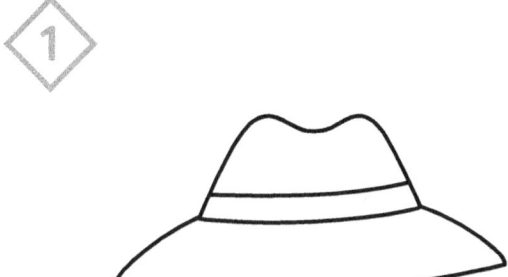

1

Disegnare la sagoma di un cappello con un nastro al centro

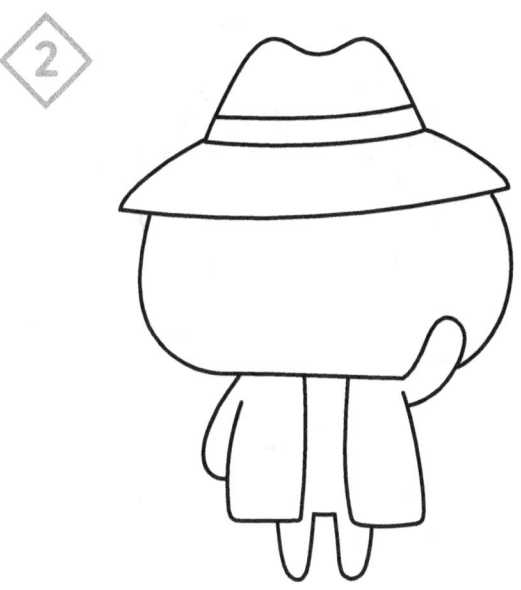

2

Continua per il corpo l'impermeabile

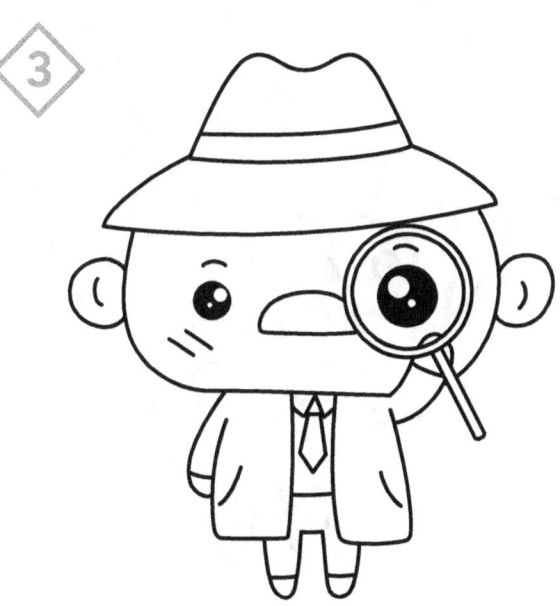

3

L'occhio che guarda attraverso la lente d'ingrandimento deve essere più grande dell'altro

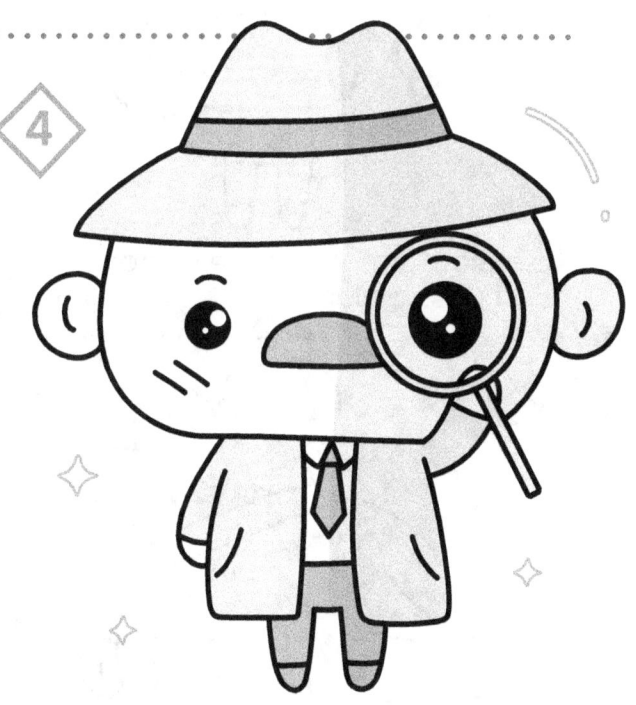

4

Coloriamo! Il vestito è solitamente marrone

Aiutatemi a
risolvere questo caso

PASTICCERA

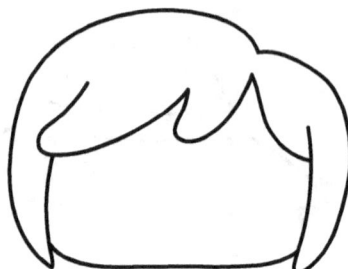

Create una forma con una frangia laterale

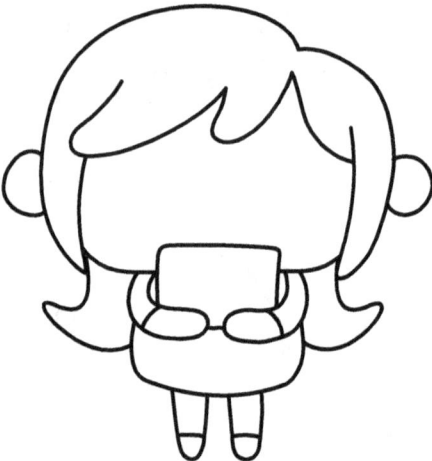

Disegnatela mentre tiene in braccio una torta rettangolare

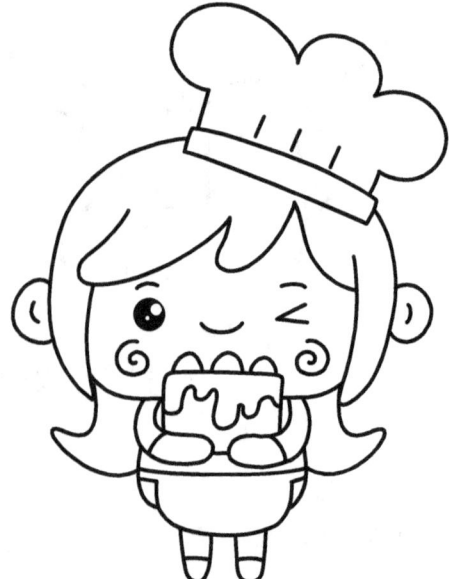

Mancano il berretto e i dettagli!

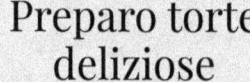

Preparo torte deliziose

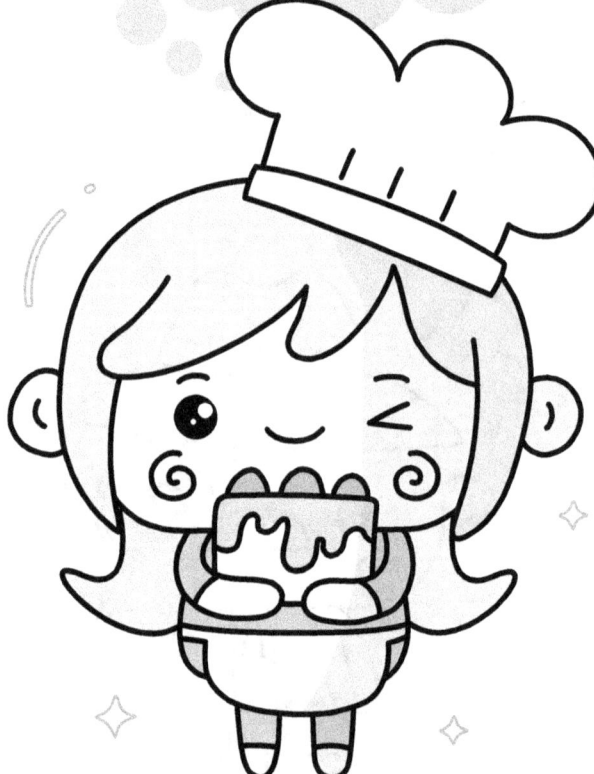

Coloratelo con colori divertenti

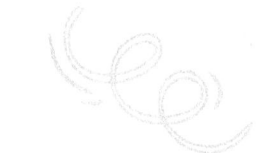

PEDIATRA

1

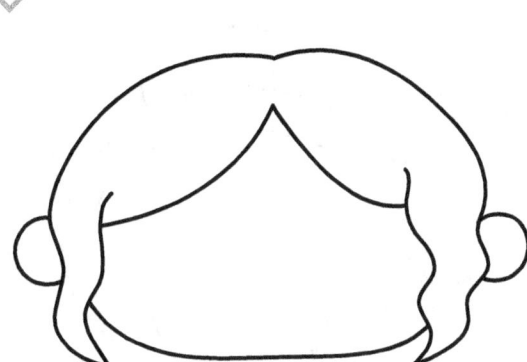

Disegnare i capelli con alcune ciocche che pendono verso il basso

2

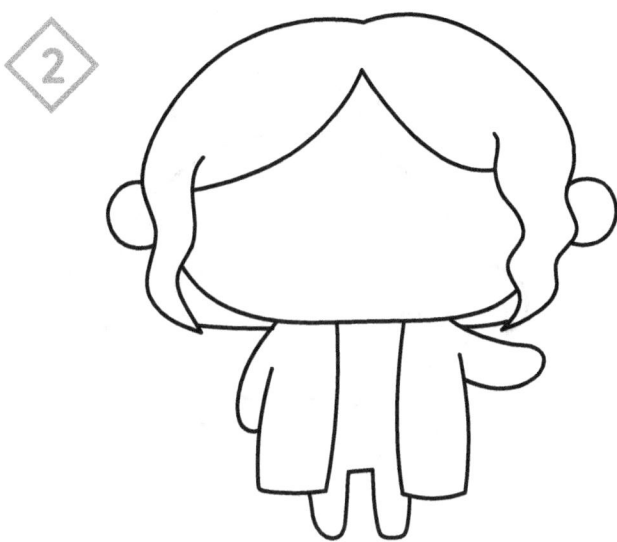

Aggiungere il camice del medico e 2 "U" per le gambe

3

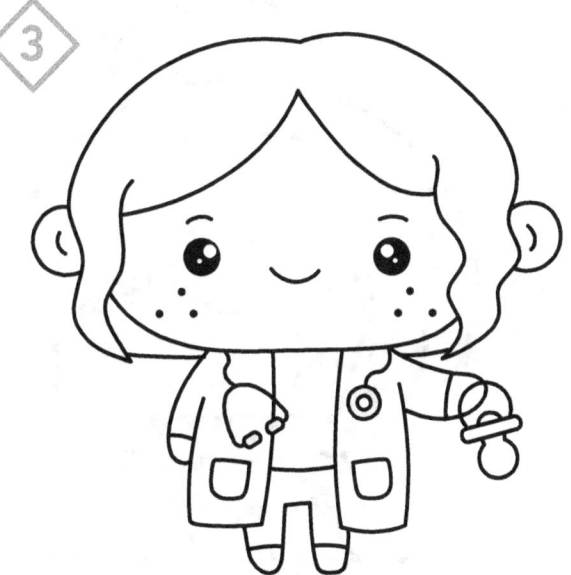

Mancano alcuni dettagli come lo stetoscopio e il ciuccio

4

Mi occupo di neonati e bambini

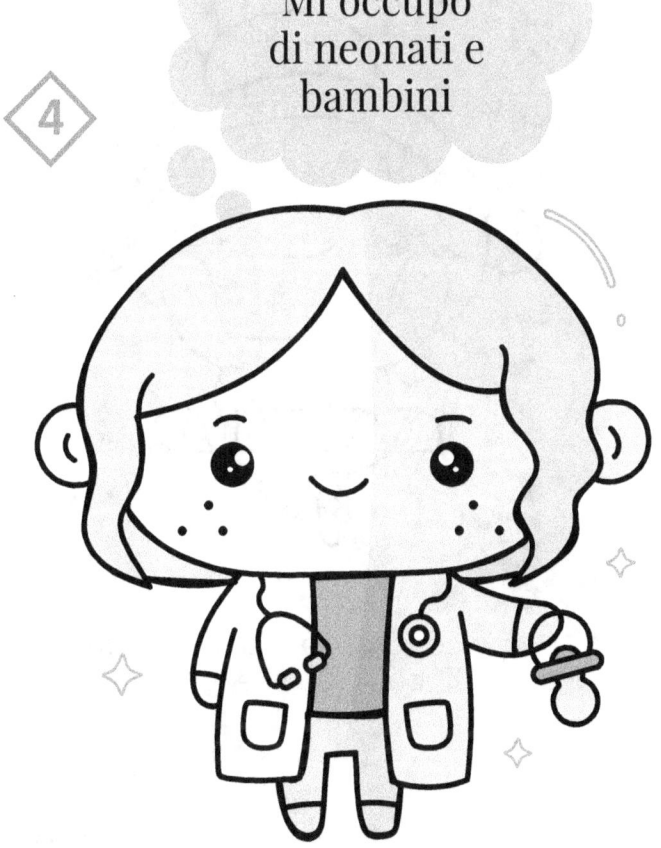

Ricordate che il camice è in bianco

BALLERINA

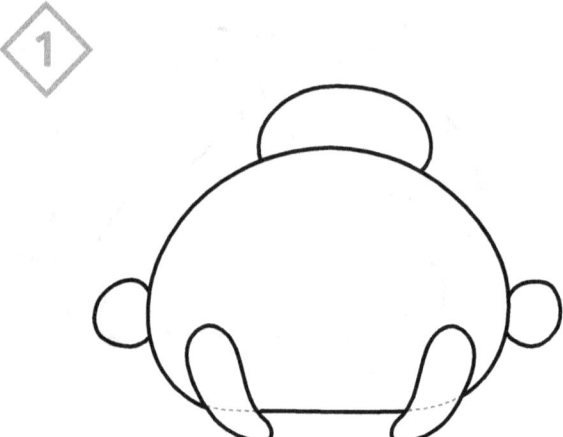

Tanti cerchi per la testa, le orecchie e uno chignon

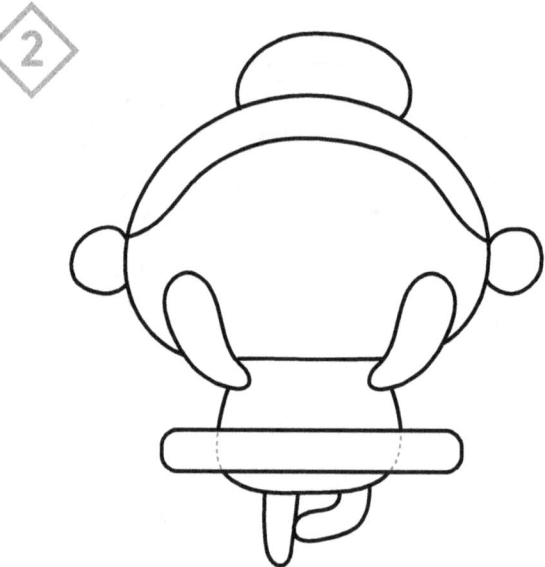

Aggiungere un body e il tutù allungato

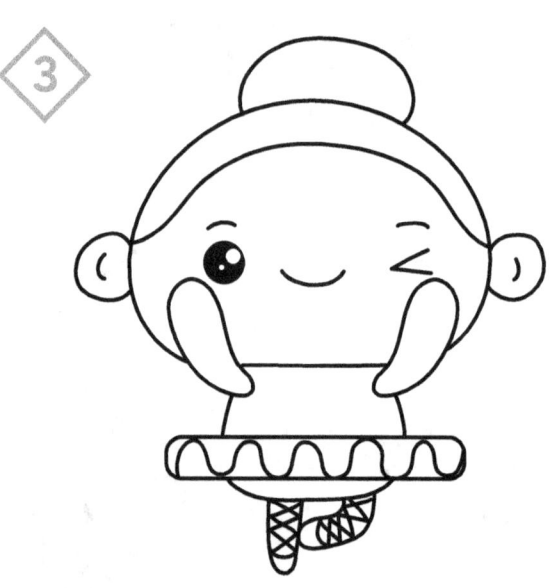

Una linea serpeggiante per il tutù e tante "X" per le gambe

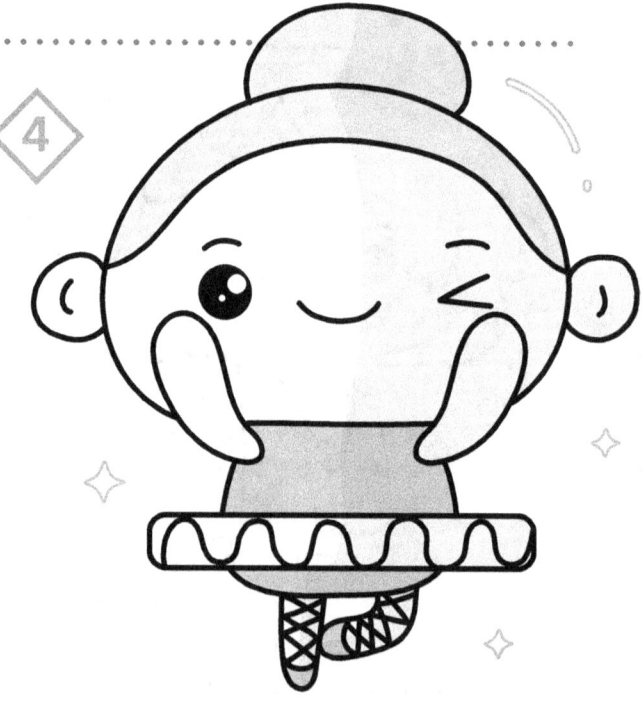

Che ne dite di un vestito rosa?

Esprimo ciò che sento ballando

SCRITTORE

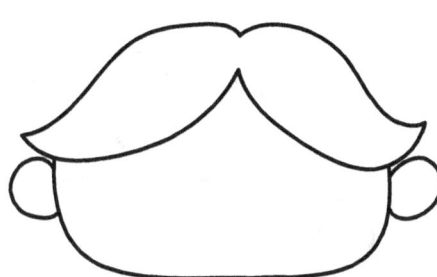

Disegnare i "baffi" su una base circolare

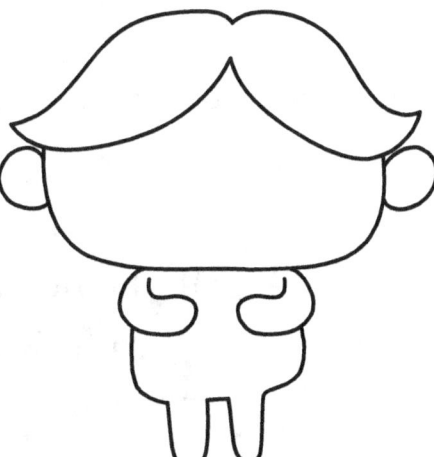

Modella la silhouette del corpo

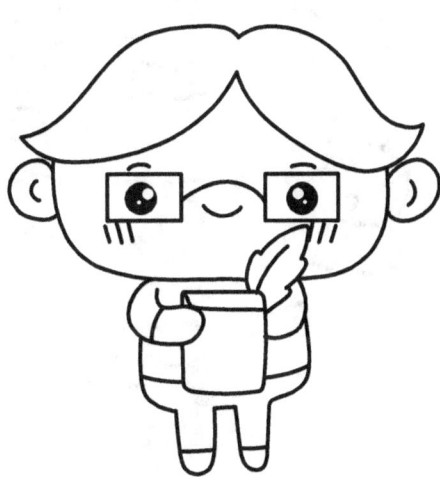

È uno scrittore! Aggiungete un libro
e una penna

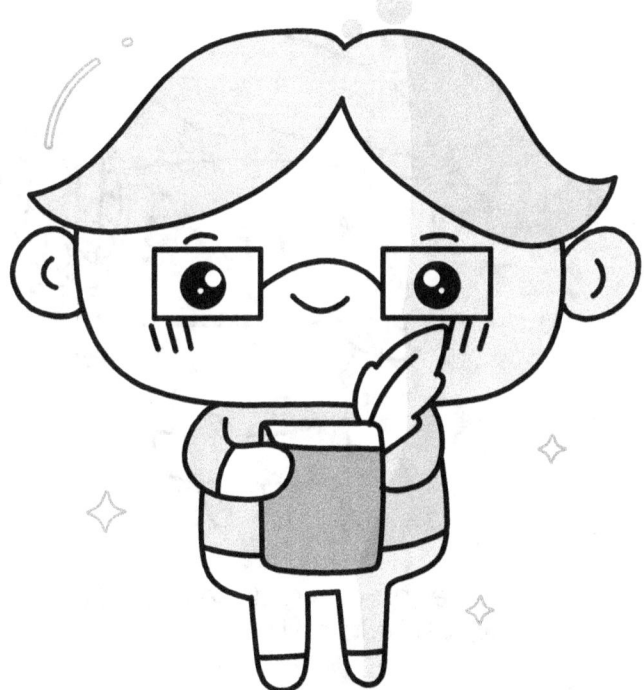

Che tipo di
libri ti piace
leggere?

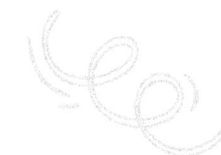

Prendete i colori e date sfogo alla
vostra creatività!

TENNISTA
PROFESSIONISTA

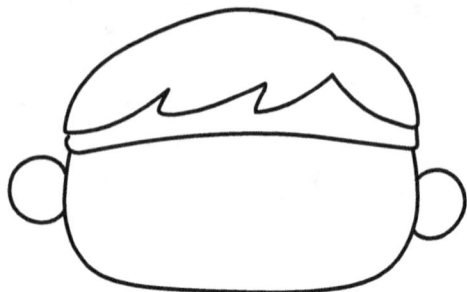

Disegnare un cerchio irregolare come base e 2 piccoli cerchi alle estremità

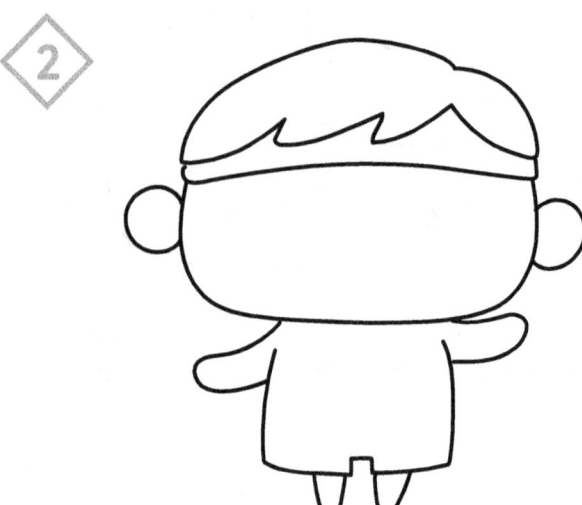

Ora il corpo con entrambe le braccia aperte

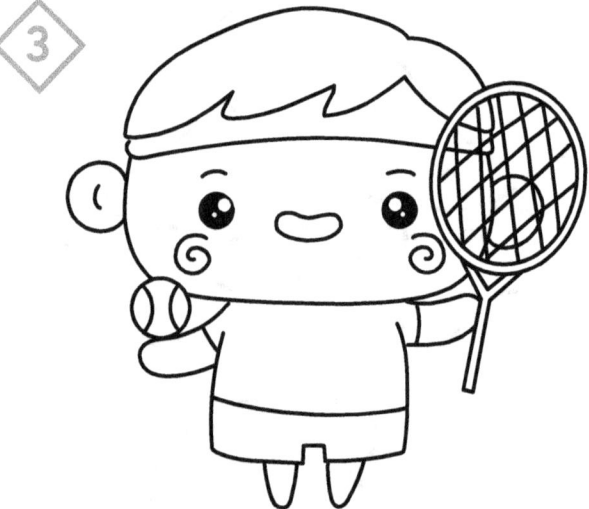

Disegna una grande racchetta a griglia e la palla!

Il mio hobby è la mia professione

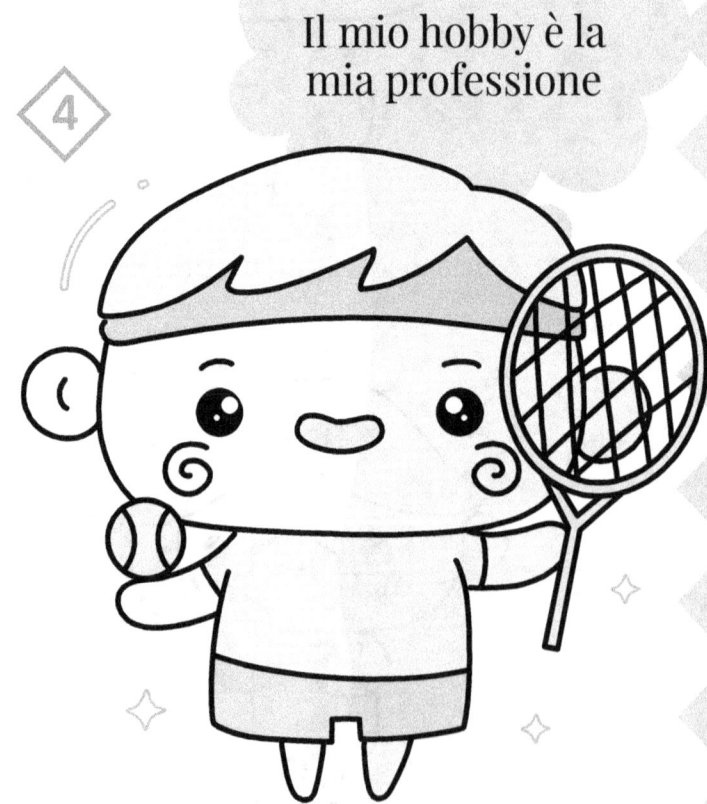

I tennisti sono soliti vestirsi di bianco

AGENTE
DEL TRAFFICO

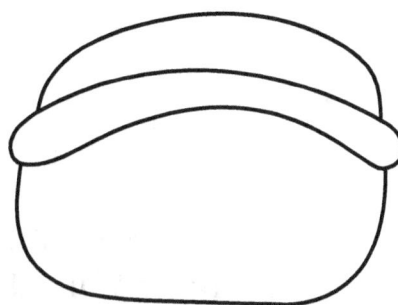

Creare una testa con un cappello

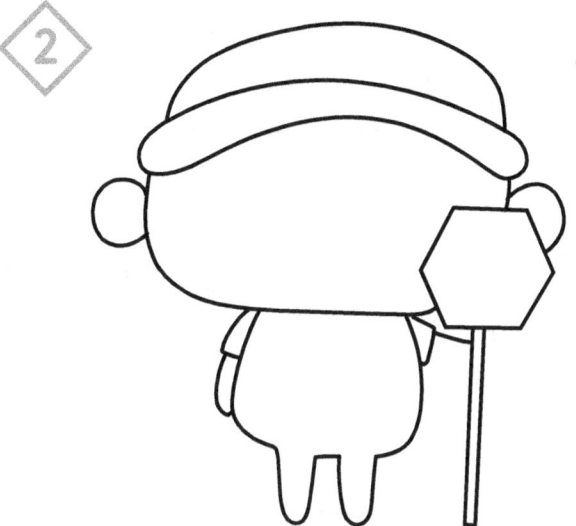

Disegnare il segno con un esagono
e un rettangolo

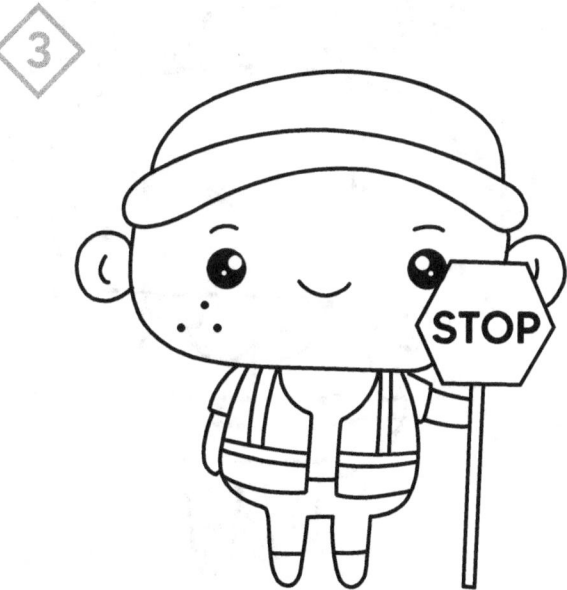

Importante! Il gilet riflettente

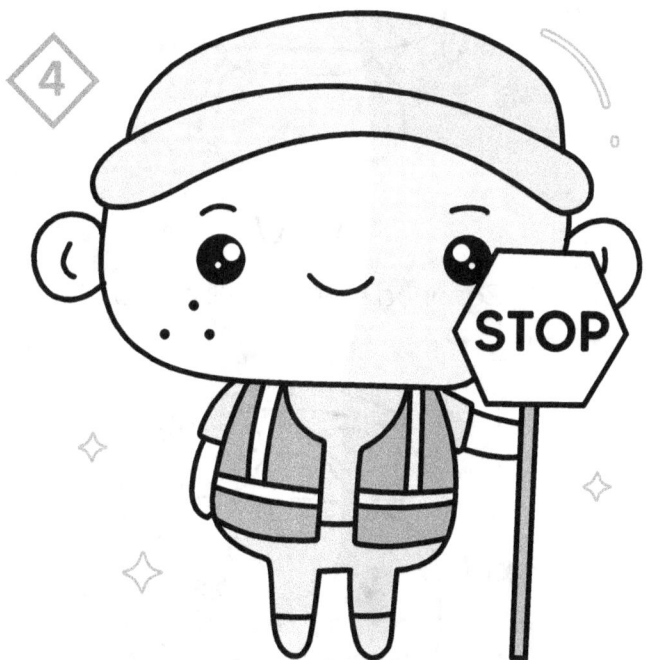

Il segnale è in rosso e il gilet è giallo

Regolo
il traffico

PILOTA

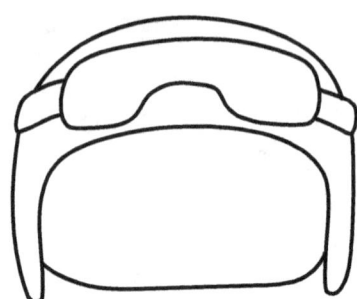

Disegnare un berretto da aviatore con occhiali

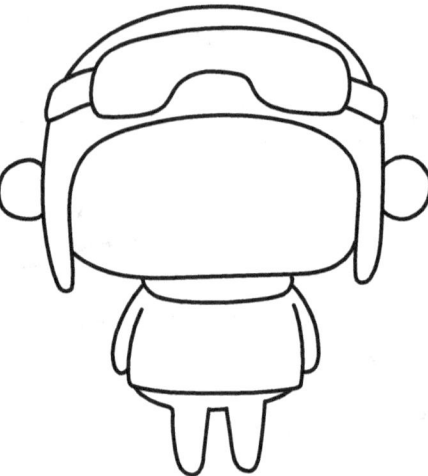

Continua sotto: con il corpo

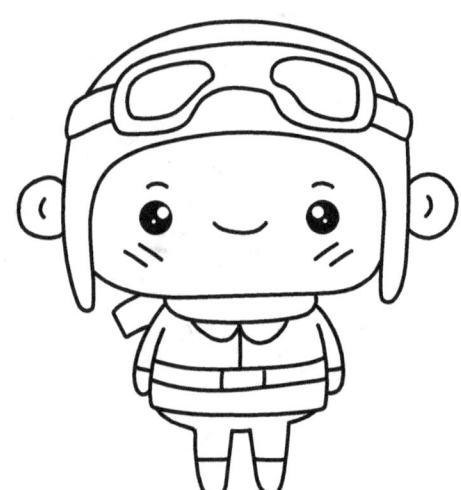

Personalizzate i dettagli! Cintura, sciarpa ...

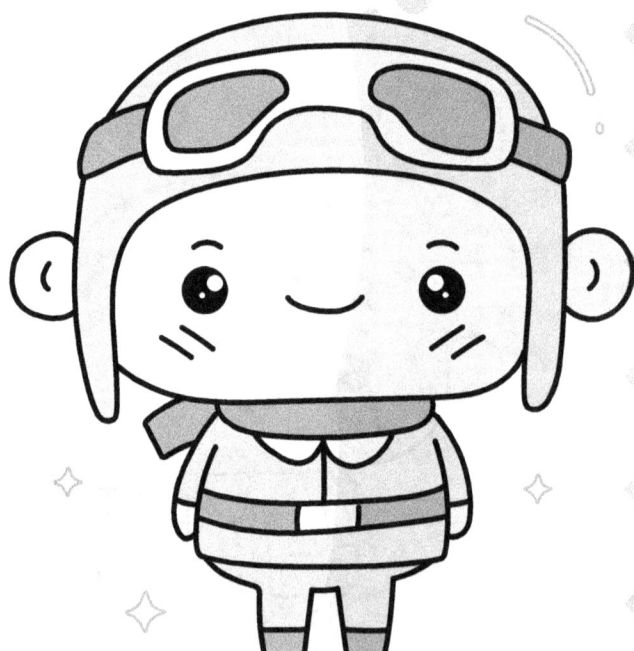

Vedo paesaggi incredibili dal cielo

Perchè non usare i toni del marrone?

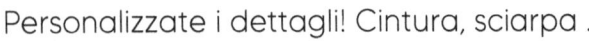

IDRAULICO

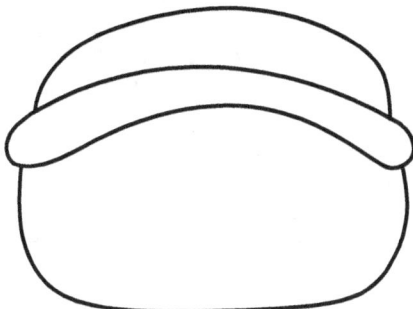

Crea 3 forme rotonde e appiattite per la testa

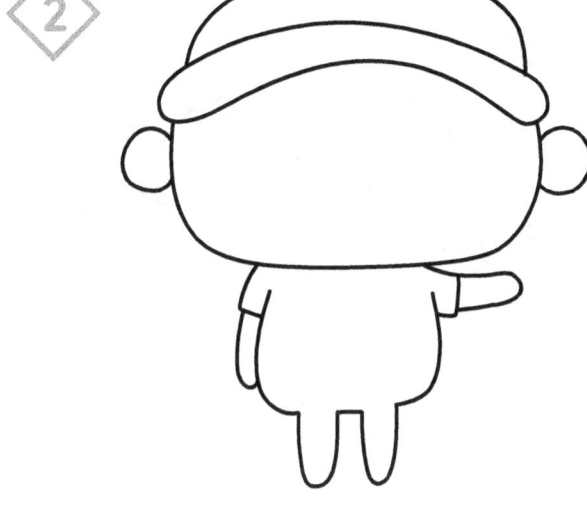

Continuare con il corpo

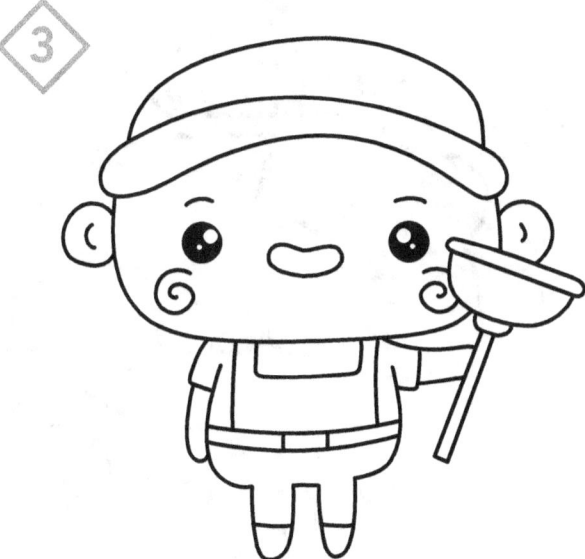

Non dimenticate lo sturalavandini!

Installo e riparo tubi

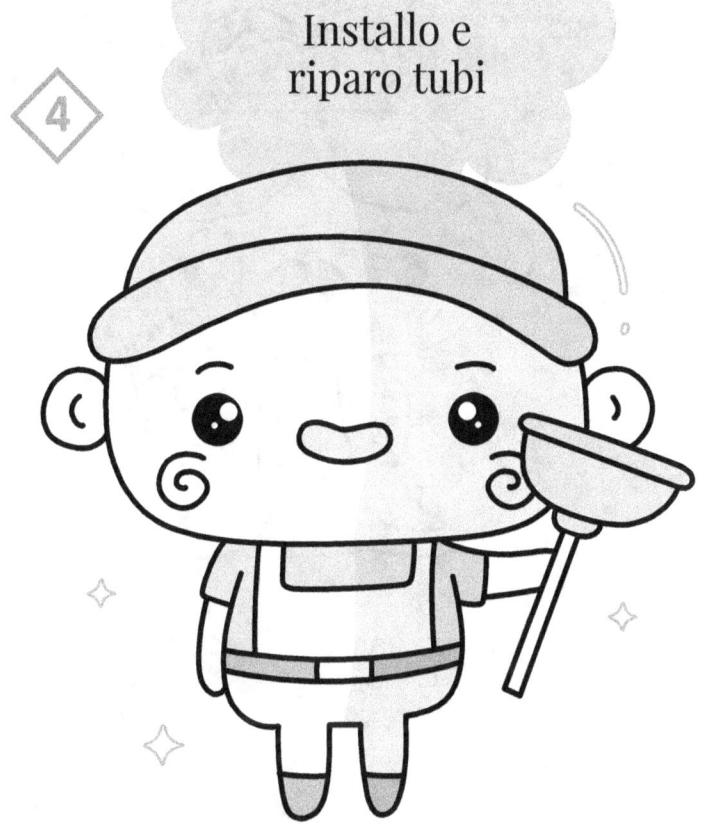

Lo sturalavandini è solitamente rosso

RE

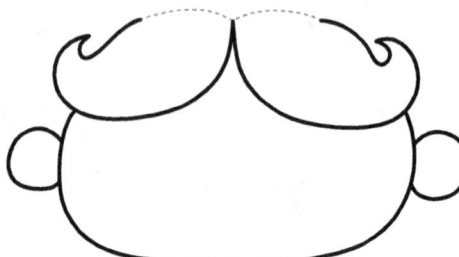

Realizzare la testa e i capelli a forma di baffi

Disegnare l'intera corona con una croce in alto

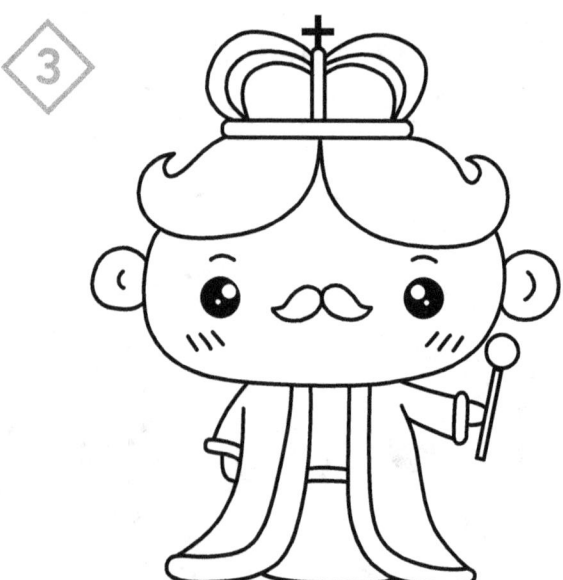

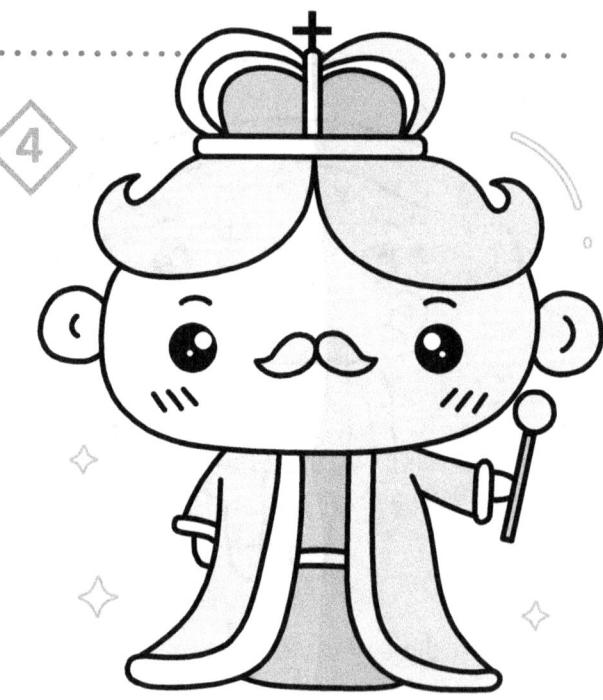

Che sia un volto maestoso!

Che ne dite di un giallo per la corona?

Un buon
re protegge il
suo popolo

REGINA

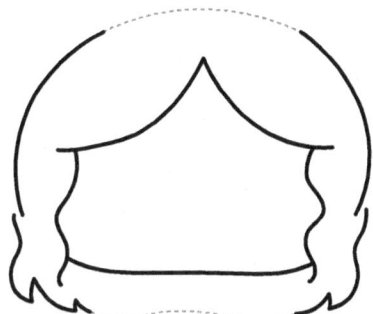

Disegnare la sagoma della testa

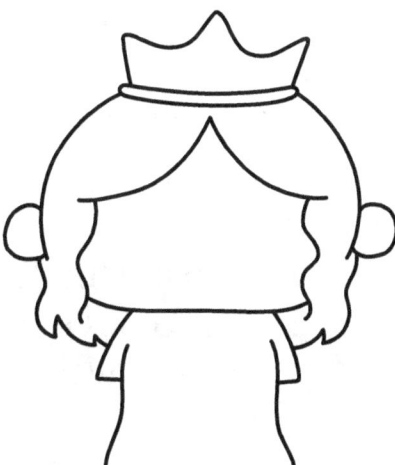

Aggiungere il vestito e la corona

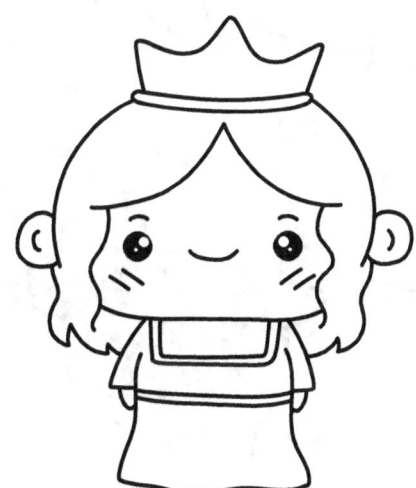

Mancano solo una faccina sorridente
e dei vestiti!

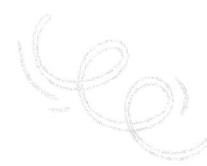
Rappresento
l'unità e la
tradizione

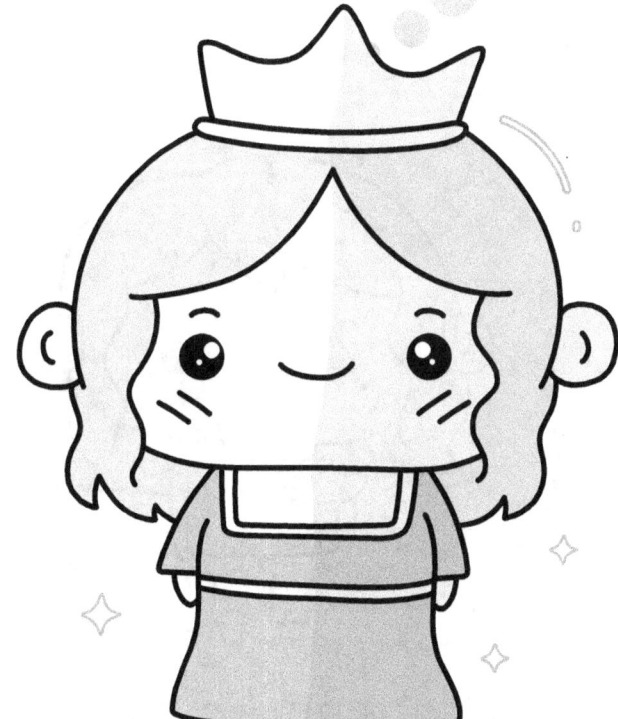

Coloriamo! Diventa creativo

DISEGNATRICE
GRAFICA

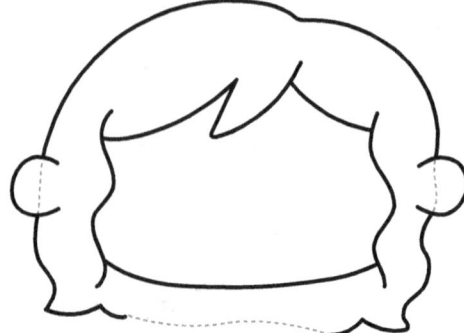

Disegnatelo con i capelli lunghi e 2 orecchie che spuntano

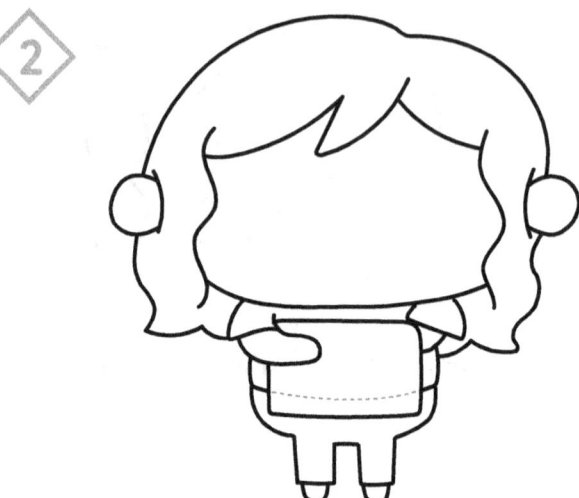

Un grande rettangolo al centro che sarà la tavoletta grafica

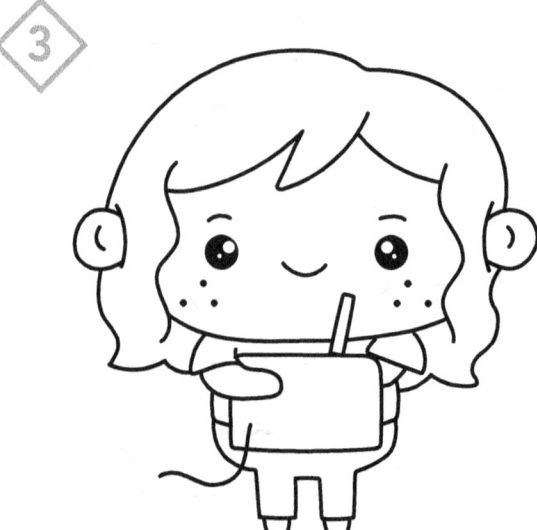

Finisci con lo stilo e alcune belle lentiggini

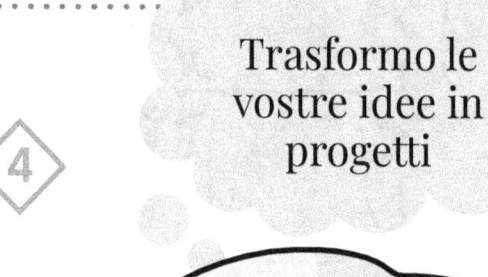

Trasformo le vostre idee in progetti

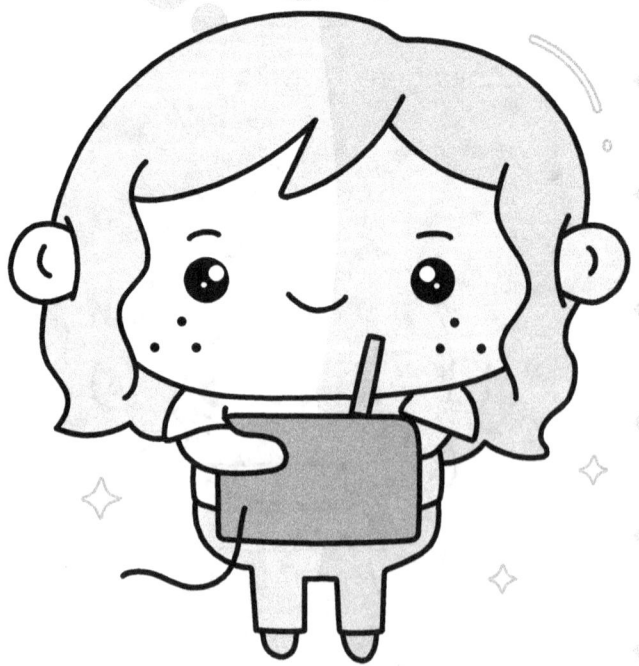

È il momento di colorare: divertitevi!

AUTISTA

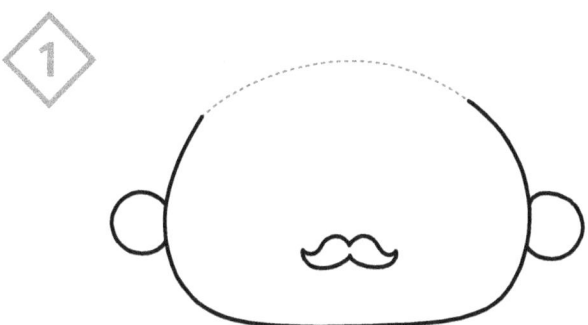

1

Si comincia con una testa con i baffi

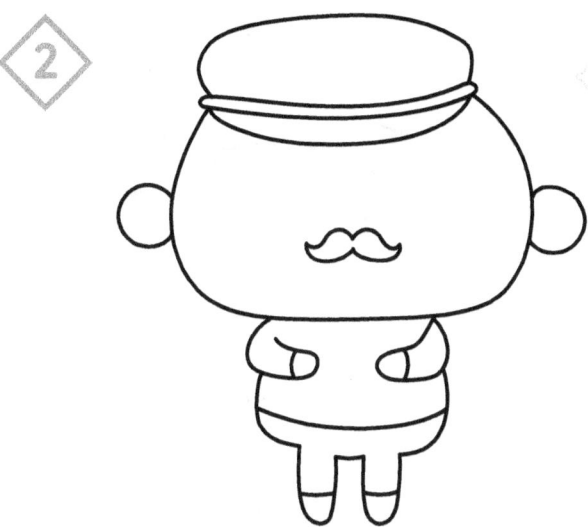

2

Aggiunge un cappello con visiera e il corpo

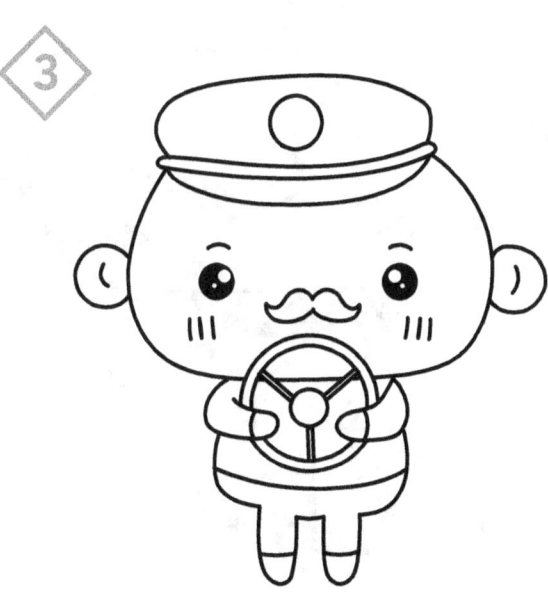

3

Mancano il volante circolare e alcuni occhi scintillanti

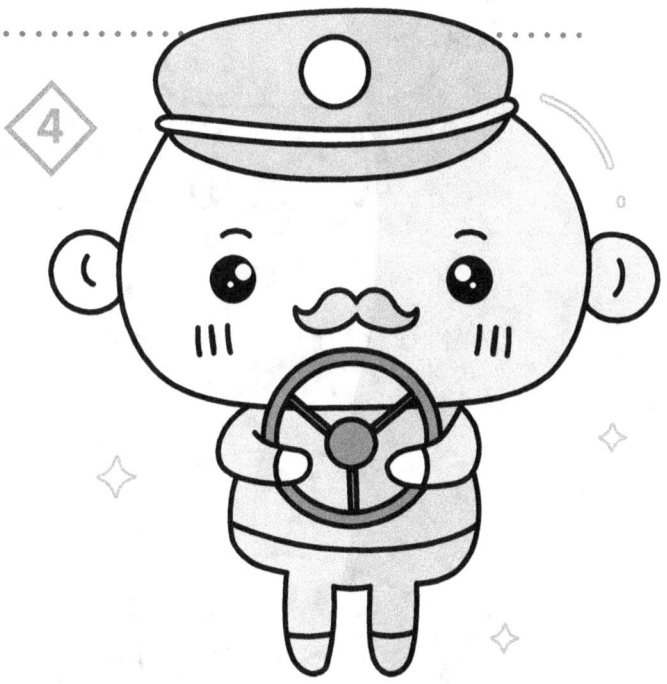

4

Colorate l'abito di blu navy o di nero!

Posso portarti
ovunque tu voglia

ELETTRICISTA

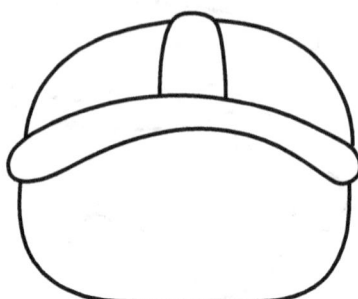

Disegna tante le forme arrotondate

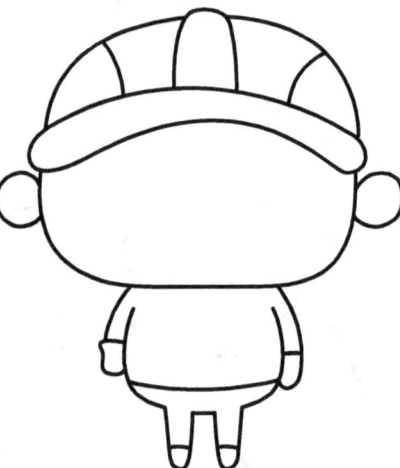

Continua con il corpo e i guanti

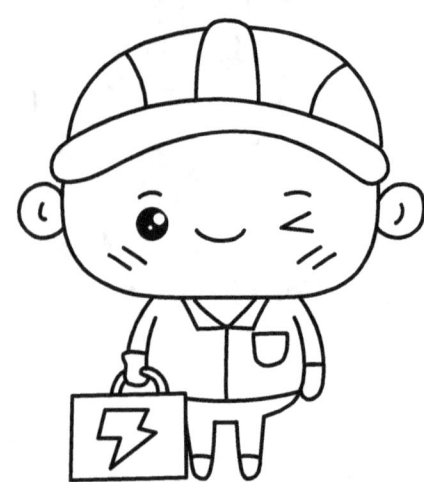

Ora la valigetta con un fulmine

Illumino e fornisco energia alla vostra casa

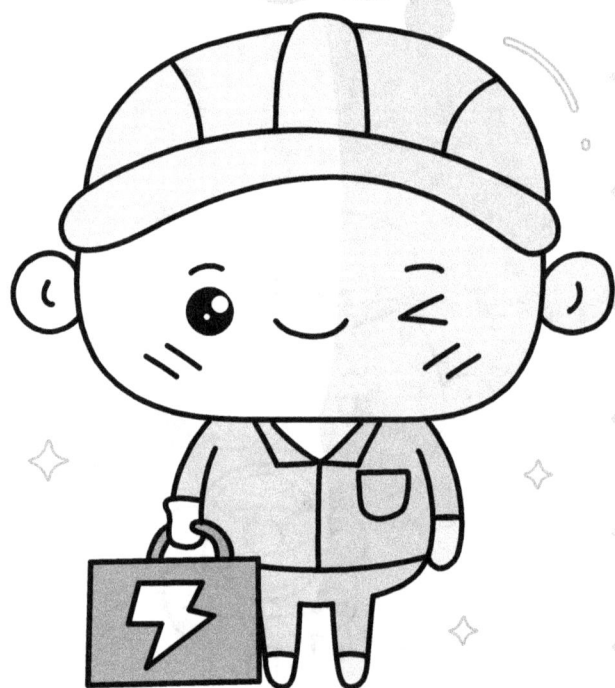

Il casco è solitamente giallo e la tuta blu

CALZOLAIO

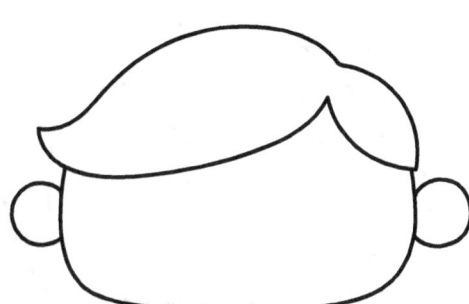

Quando disegnate la frangia, rendetela classica e spazzata all'indietro

Ora il corpo con il grembiule e un braccio verso l'interno

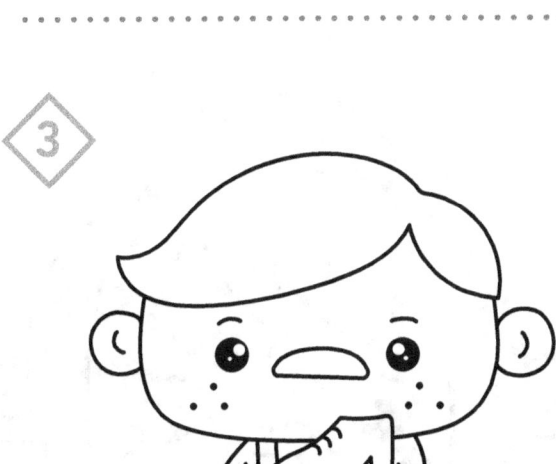

Ricordate, la scarpa e i semplici baffi!

Do una seconda vita alle vostre scarpe

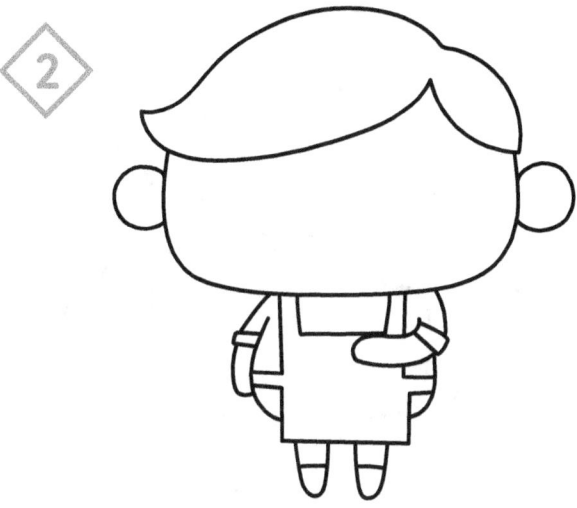

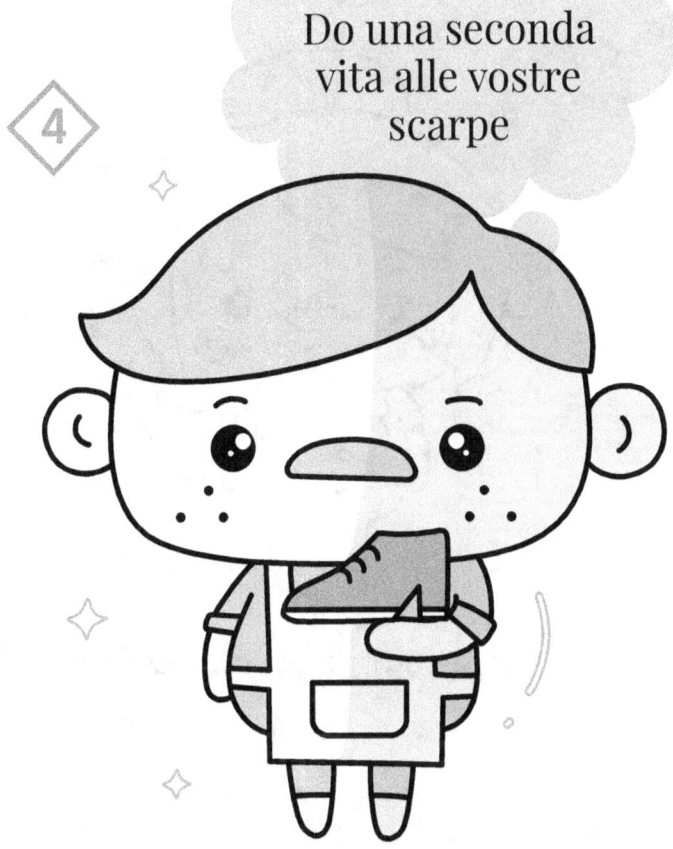

Colorate come volete!

VETERINARIA

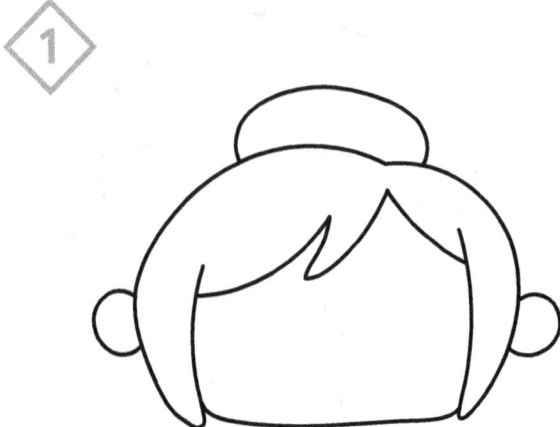

Disegnare una testa con uno chignon e una frangia

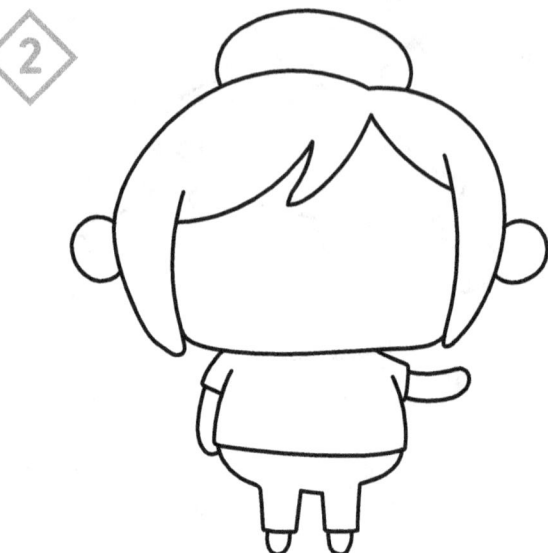

Iniziare con il corpo

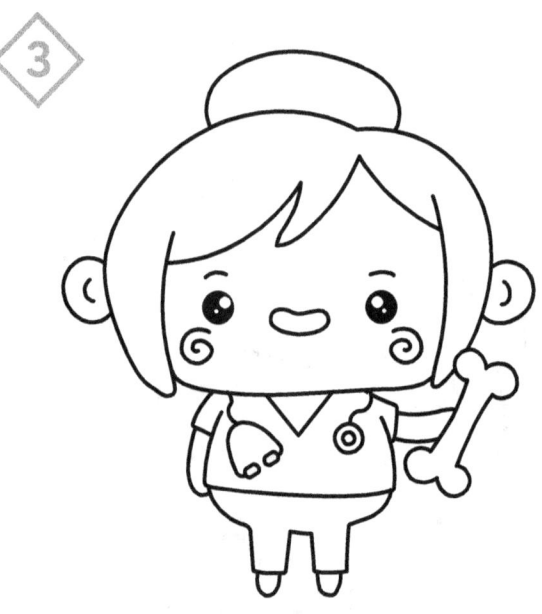

E i dettagli! L'osso, lo stetoscopio...

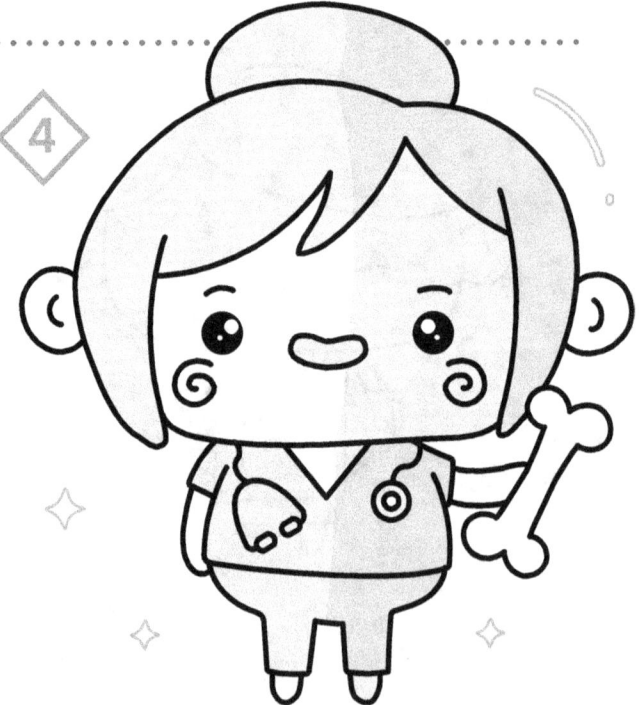

Che ne dite di un blu smeraldo?

Avete un animale
domestico a casa?

ISTRUTTRICE
DI YOGA

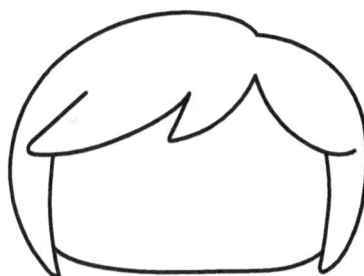

Disegnare la base della testa con i capelli

Ora un corpo in movimento

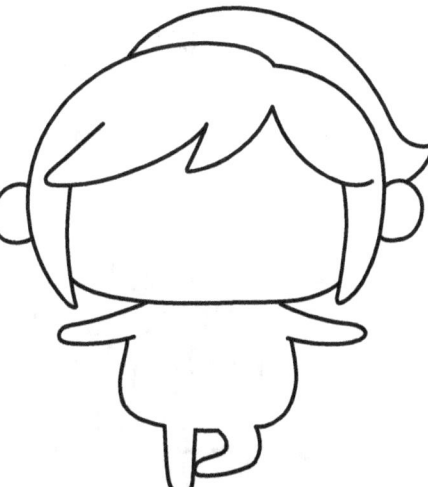

E una faccia felice!

Lo yoga è molto benefico, te la senti di praticarlo?

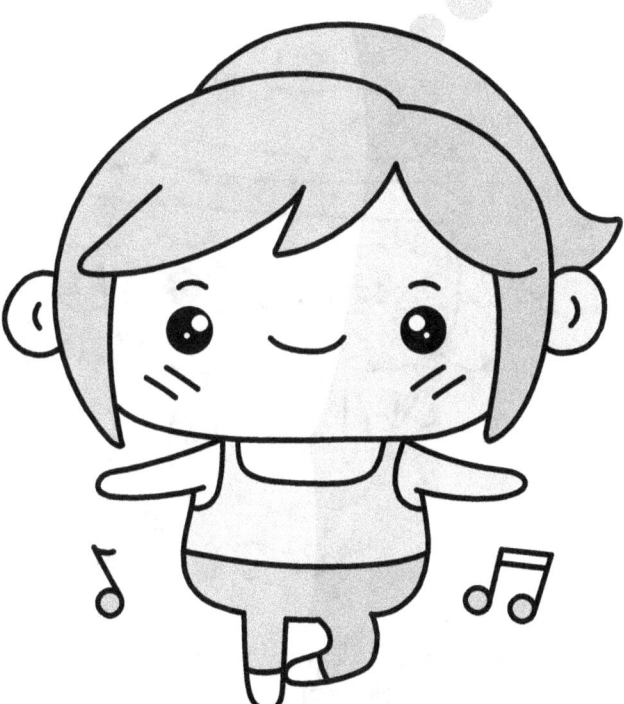

Coloriamo! Scegliete i colori pastello

GIARDINIERE

1

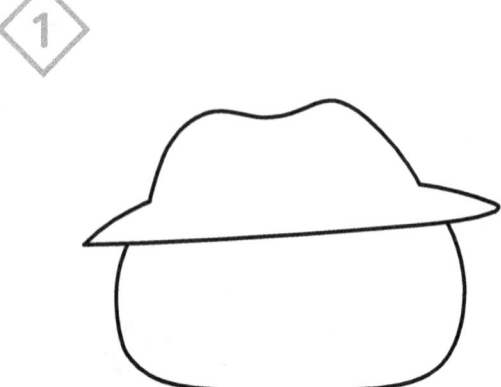

Crea la silhouette di un cappello con una curva sotto di esso

2

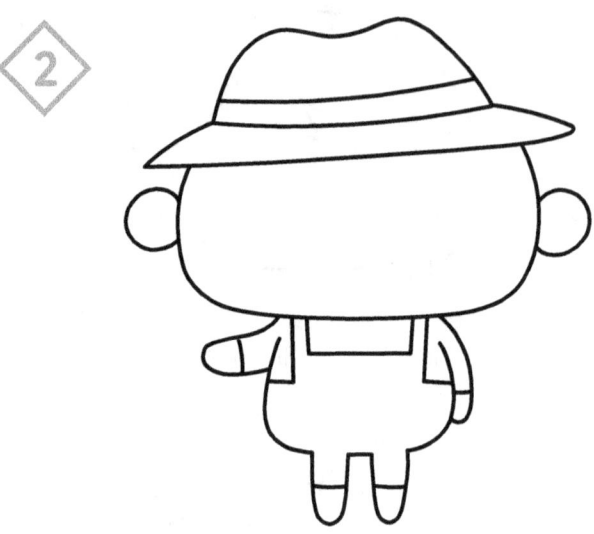

Quando si disegna il corpo, vestirlo con una salopette

3

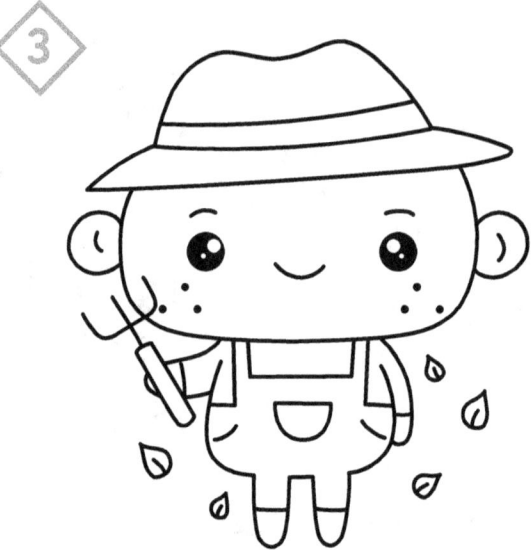

Aggiungete un rastrello e tante foglie svolazzanti

4

Siamo felici finché potiamo

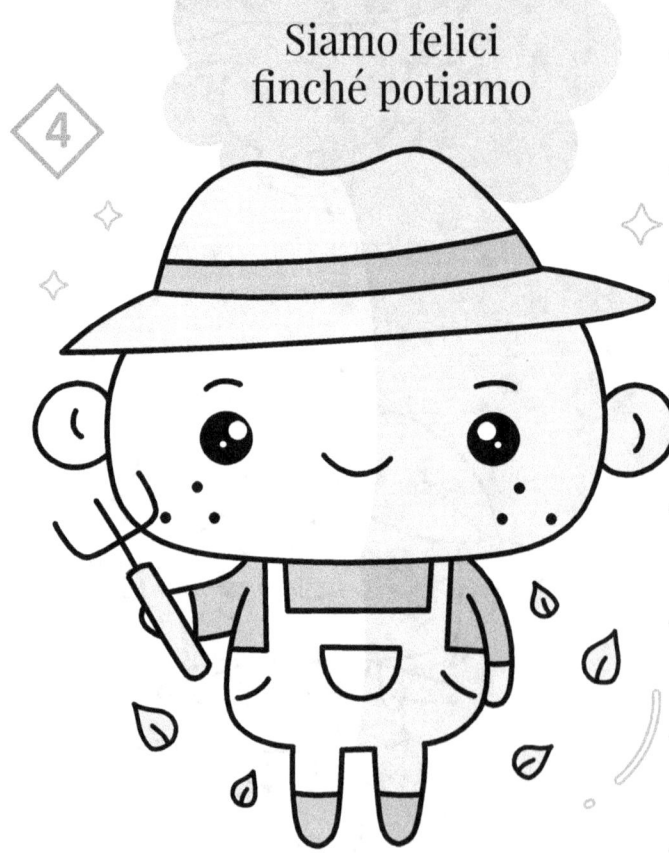

Coloriamo! Scegliere un blu per la tuta

ARCHITETTO

1

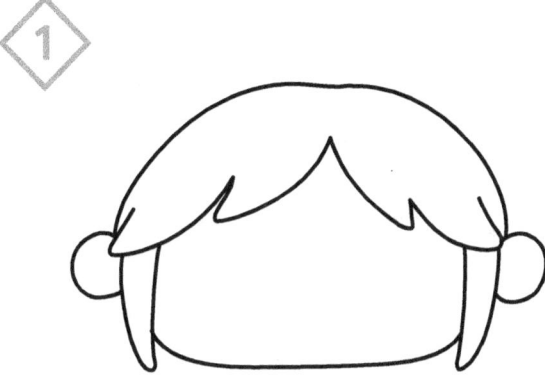

Iniziare come di consueto: testa e capelli

2

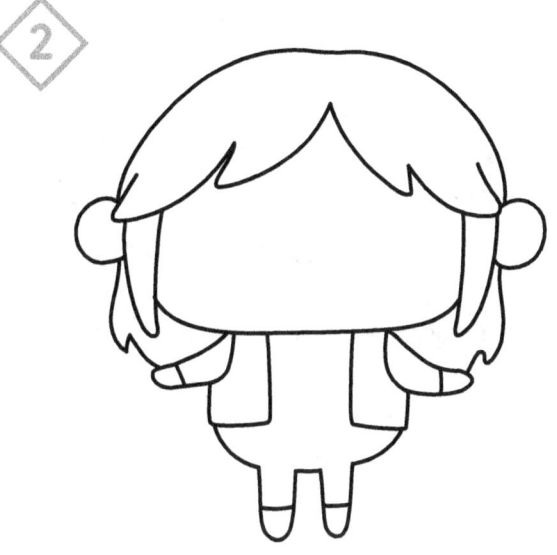

Ora la silhouette del corpo con il gilet

3

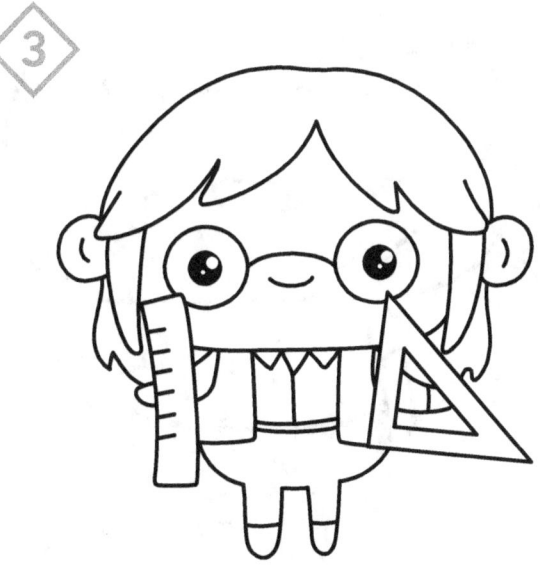

Non dimenticate il righello e la squadra. Esagerate le misure!

4

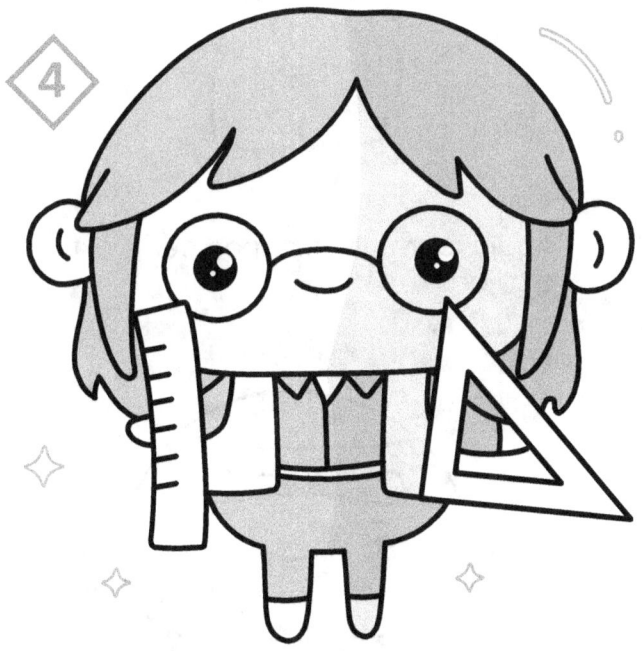

Consiglio una varietà di colori

Progetto
edifici senza mai
fare errori

GIOCATORE
DI GOLF

1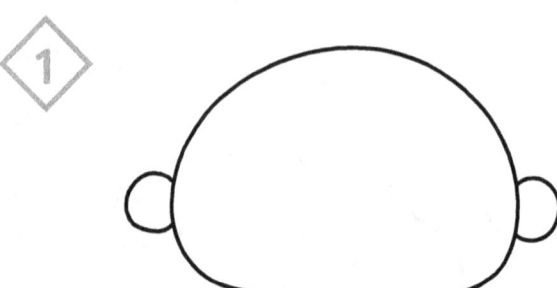

Disegnatelo calvo e aggiungete
2 orecchie

2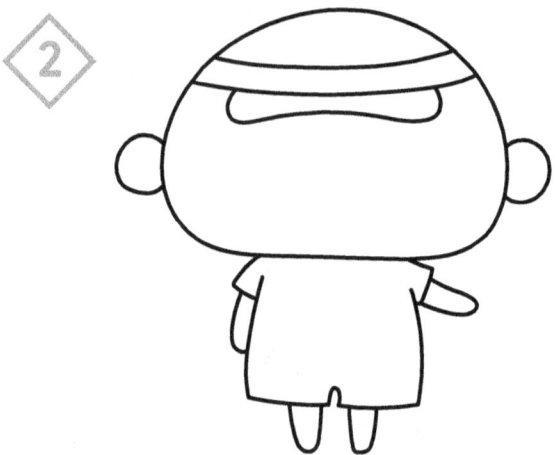

Aggiungere diverse linee per i vestiti
e gli arti

3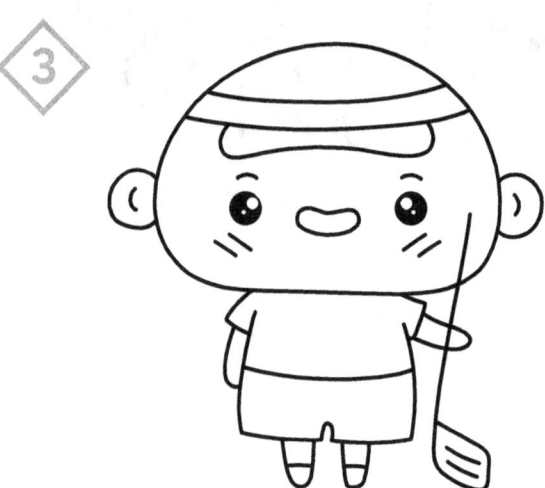

Molto importante! Mazza da golf e visiera

4

Sul campo, ogni
colpo conta

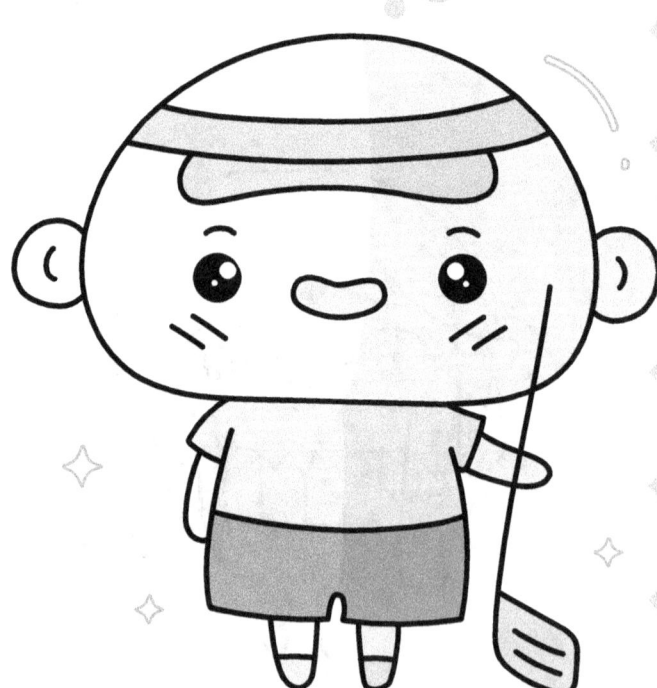

Coloriamo! Usate i colori dell'estate

GIOIELLIERE

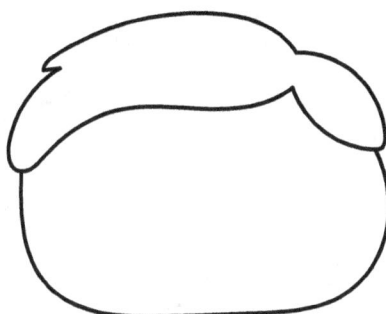

Crea una testa con i capelli pettinati ordinatamente da un lato

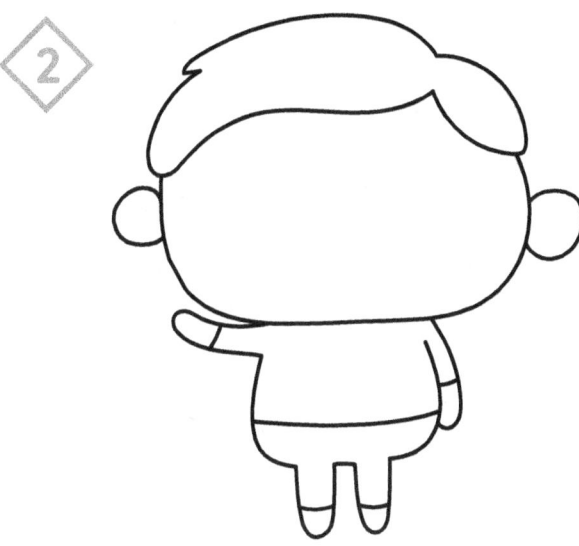

Disegnare i vestiti normali, poi passare ai dettagli

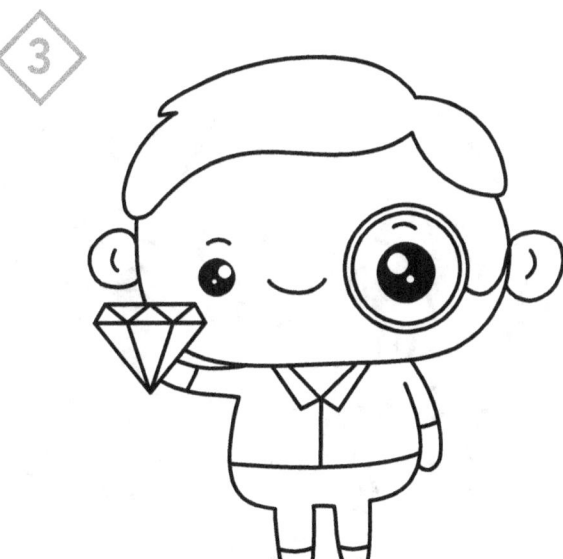

Aggiungi un diamante, un monocolo e un occhio più grande dell'altro

Ogni gioiello racconta una storia

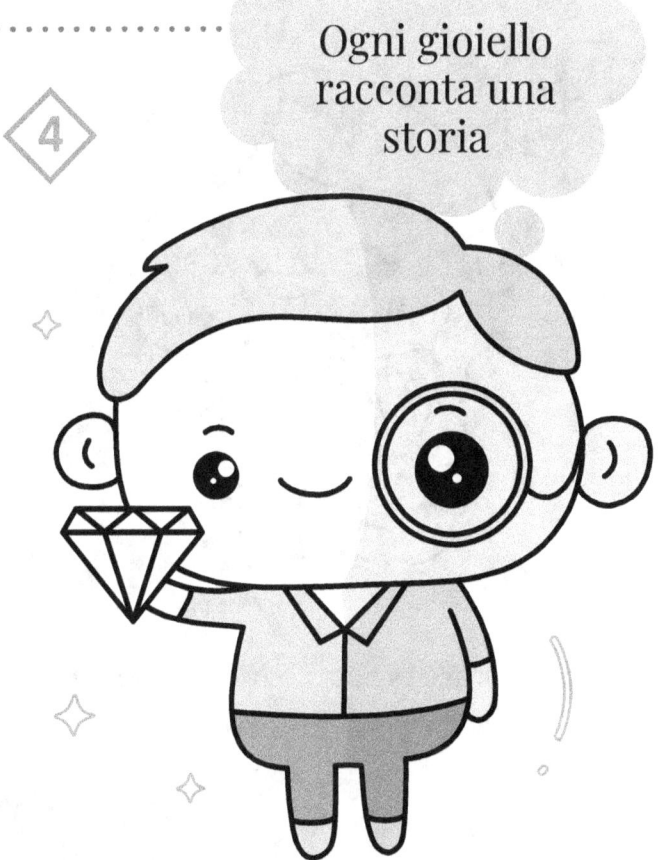

Coloriamo! Usate colori eleganti

BAGNINA

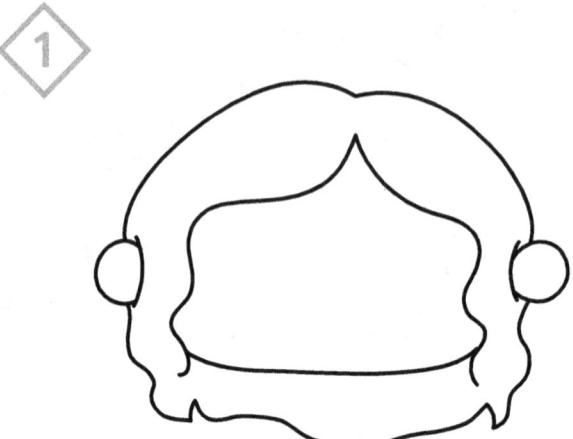

Realizzare una criniera sciolta con frange aperte

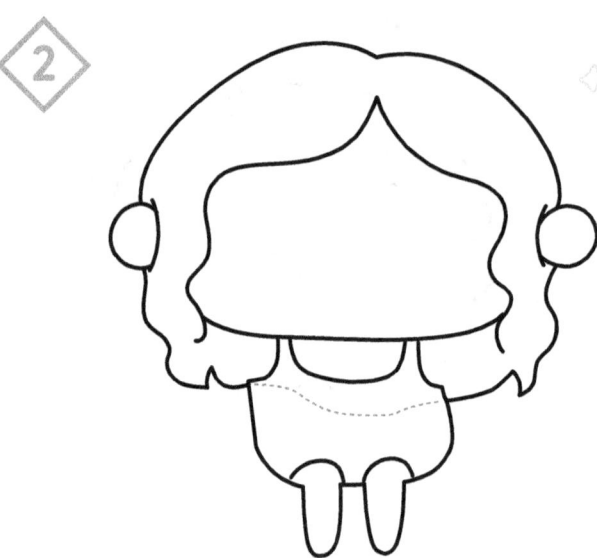

Disegnare il costume da bagno e le 2 gambe

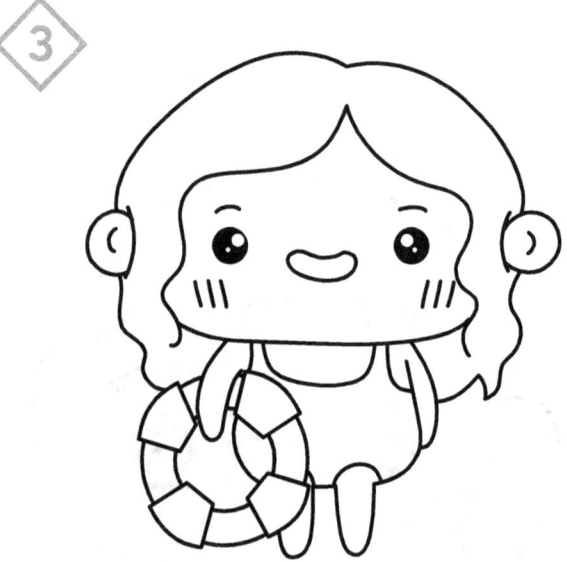

Ora le braccia e un salvagente

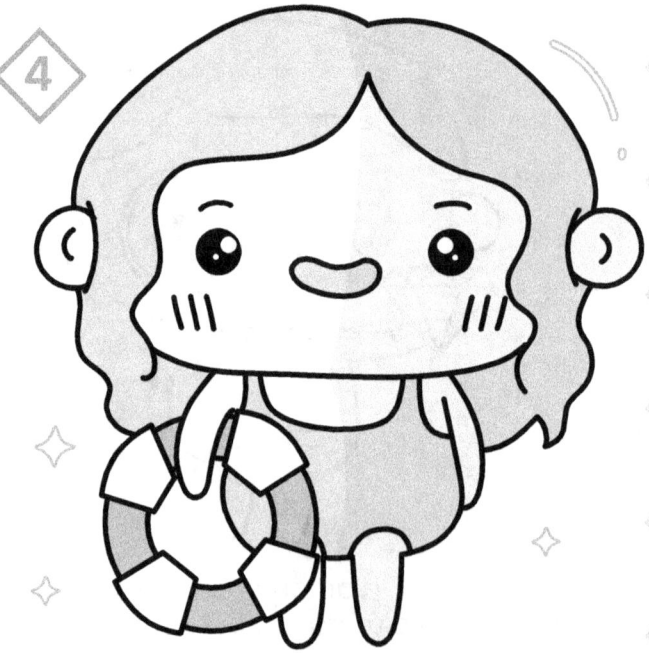

Come coloreresti il suo costume da bagno?

Mi trovi in spiaggia e nelle piscine

PIRATA

Disegnare 2 vermetti con un cappello in cima

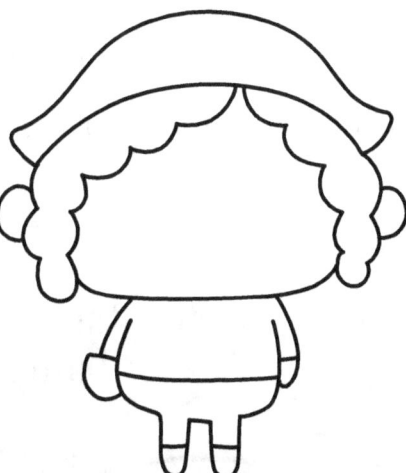

Ora la sagoma del corpo e l'inizio dell'uncino

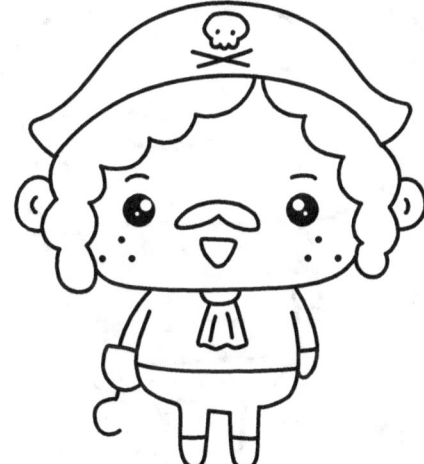

Rifinite l'uncino e aggiungete baffi, pizzetto e un teschio da pirata

Navigo per i mari in cerca di tesori

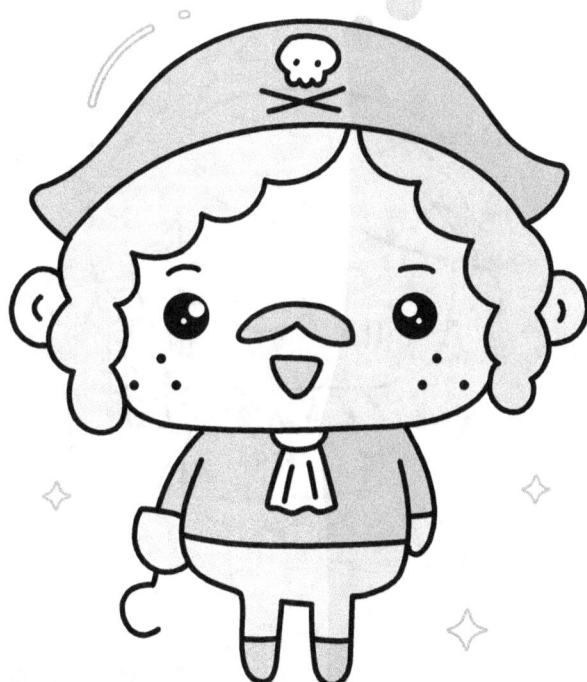

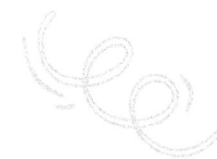

Coloriamo! Usate colori divertenti

MUSICISTA
DI ROCK

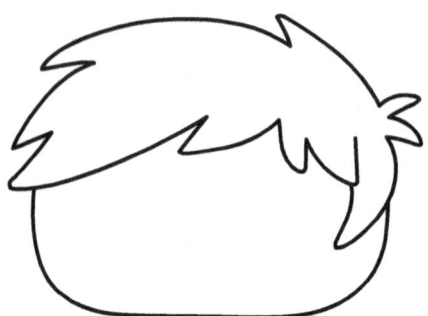

Disegna una testa con capelli bizzarri

Aggiungete una maglietta e un pantalone

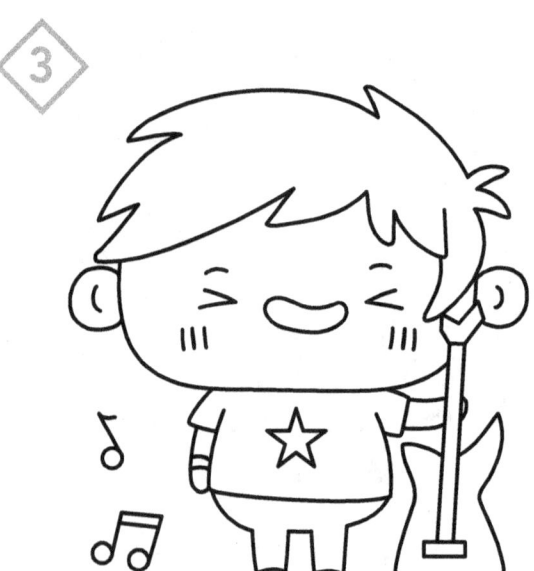

Ora la chitarra, un bel disegno sulla maglietta e le note musicali

Chitarra, basso o batteria?

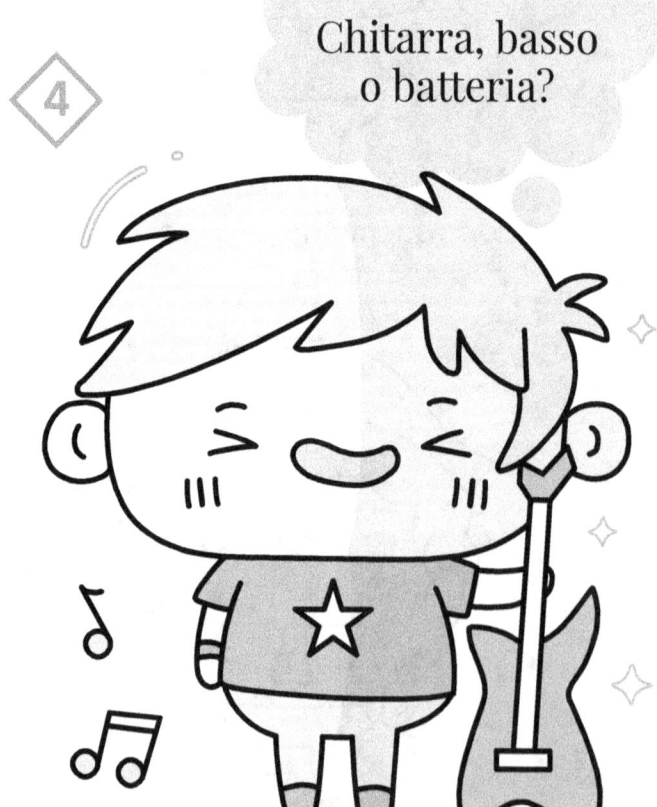

Coloriamo! Il nero domina tra le rockstar

REGISTA

1

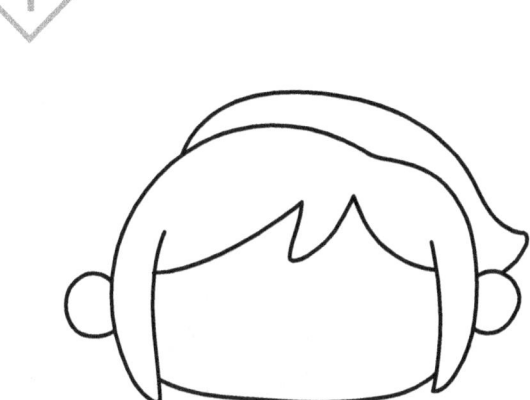

Disegnare la testa con frangia e coda di cavallo

2

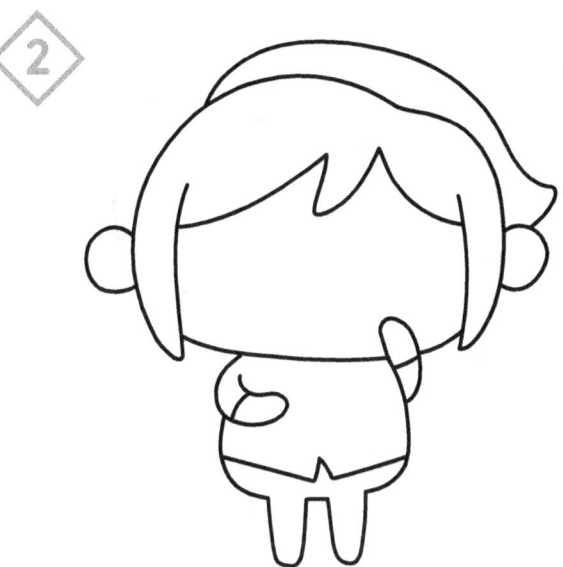

Proseguire con il corpo con una punta nella maglia

3

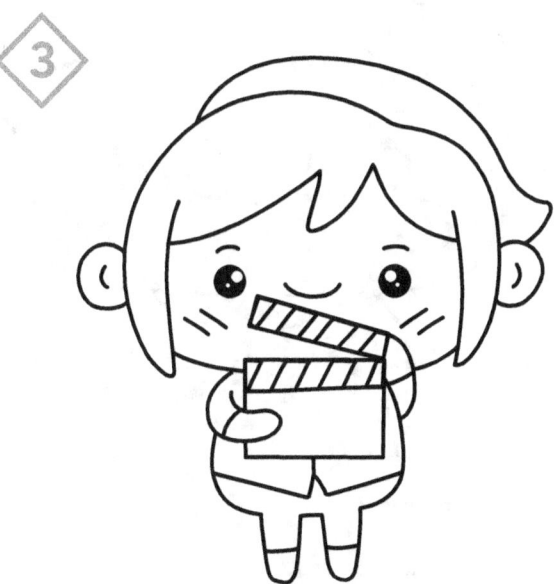

Azione! Mancano il ciak e i dettagli

4

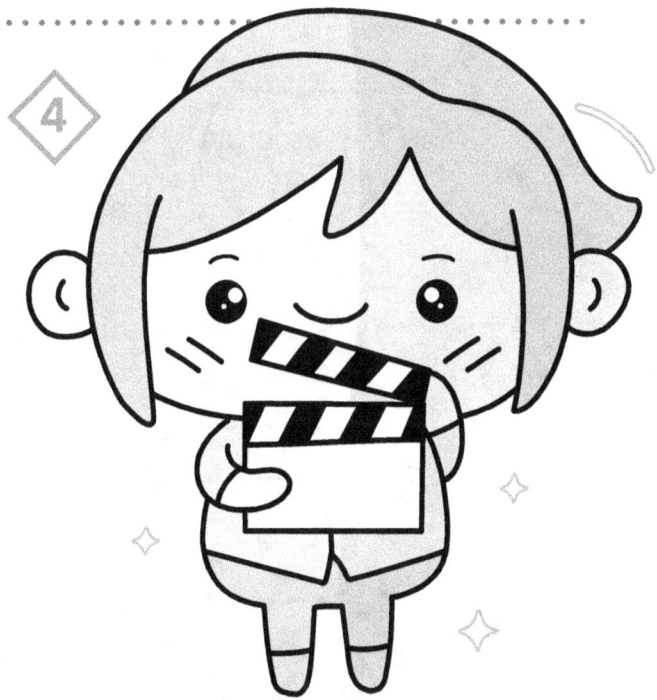

Coloriamo! Il ciak è in bianco e nero

Qual è il suo
film preferito?

LATTAIO

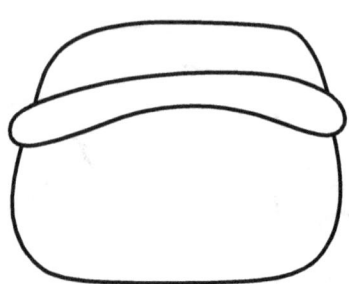

Disegnare 3 forme arrotondate

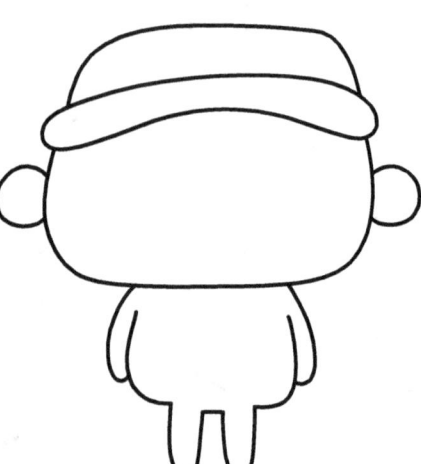

Aggiungere la sagoma del corpo

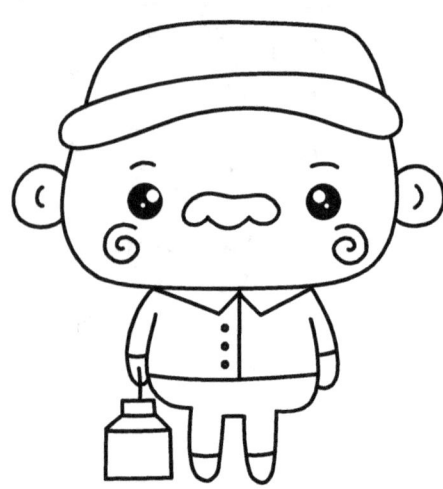

Baffi a forma di un vermetto

Consegno
il latte fresco
ogni mattina

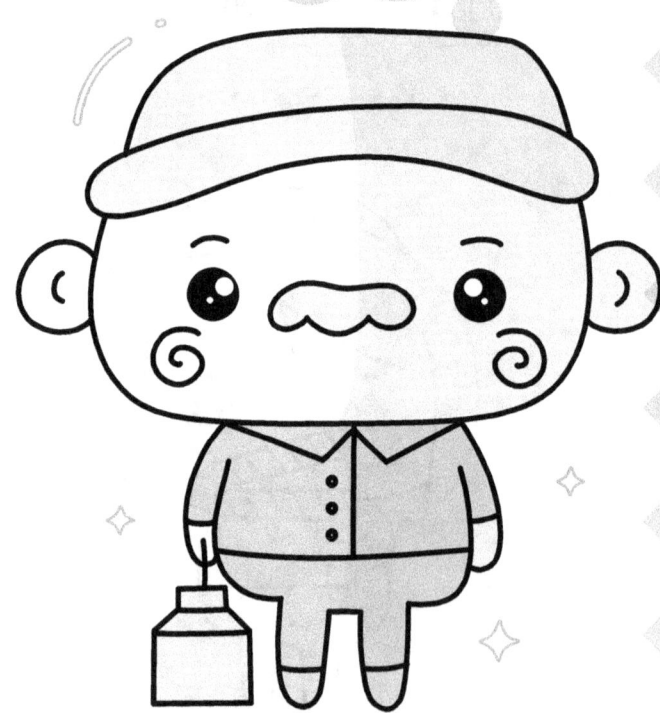

Coloriamo! Quale colore preferite?

GUARDIANO
NOTTURNO

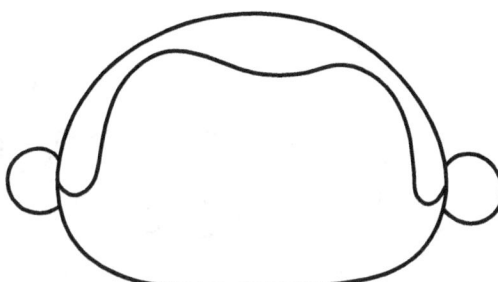

Disegnare 3 cerchi appiattiti e i capelli
rasati con una curva irregolare

Quando si realizzano i vestiti, disegnare
3 triangoli per simulare la camicia

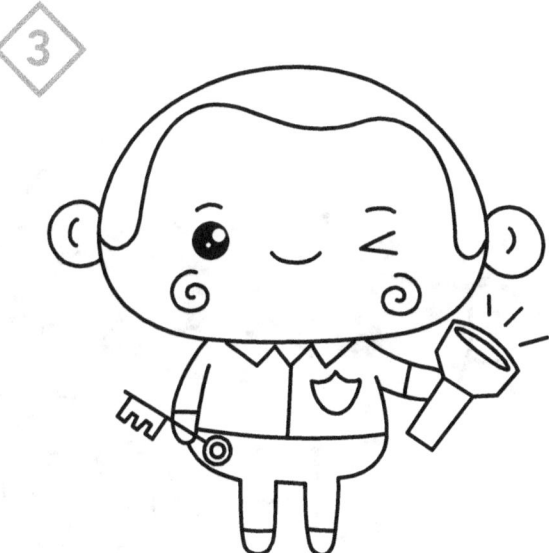

Aggiungere una chiave grande e
una torcia accesa

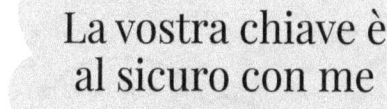

La vostra chiave è
al sicuro con me

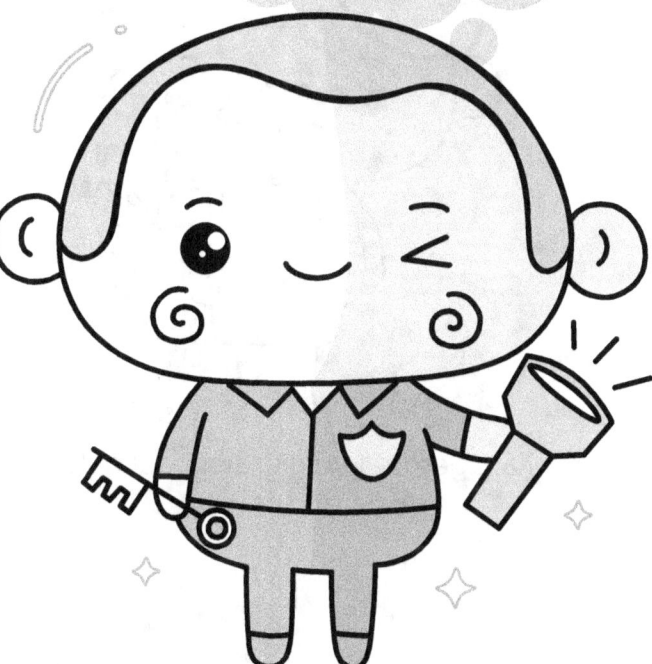

Utilizzare colori discreti come il blu navy

GELATAIO

1

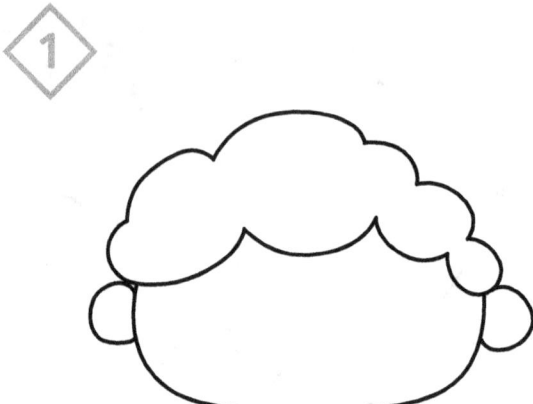

Disegnare i capelli a forma di nuvola

2

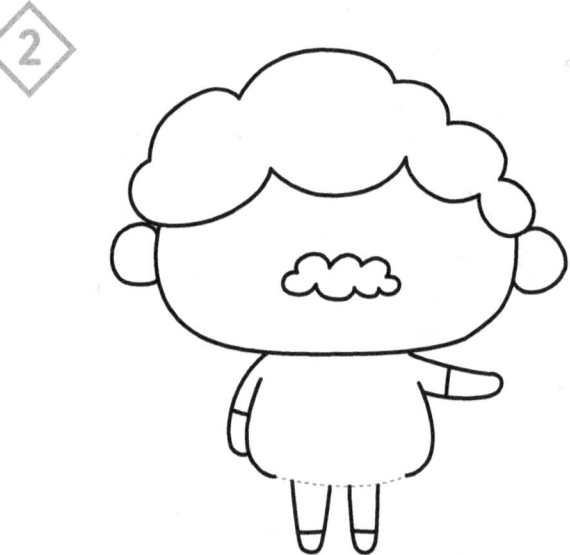

Il corpo e un'altra nuvola per i baffi

3

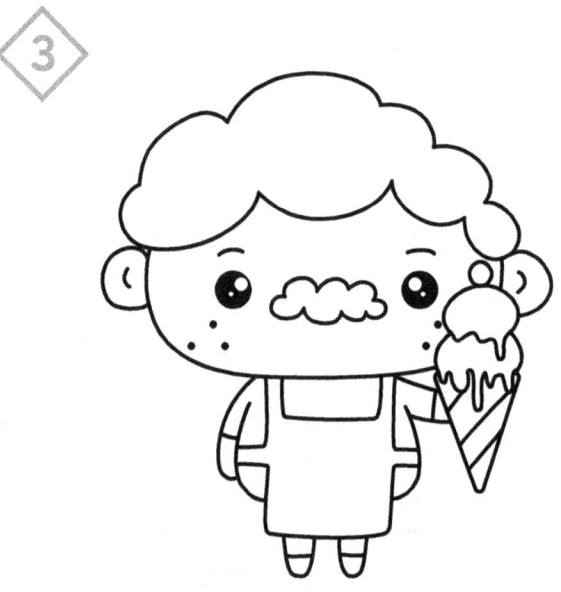

Esagerate le dimensioni del gelato!

4

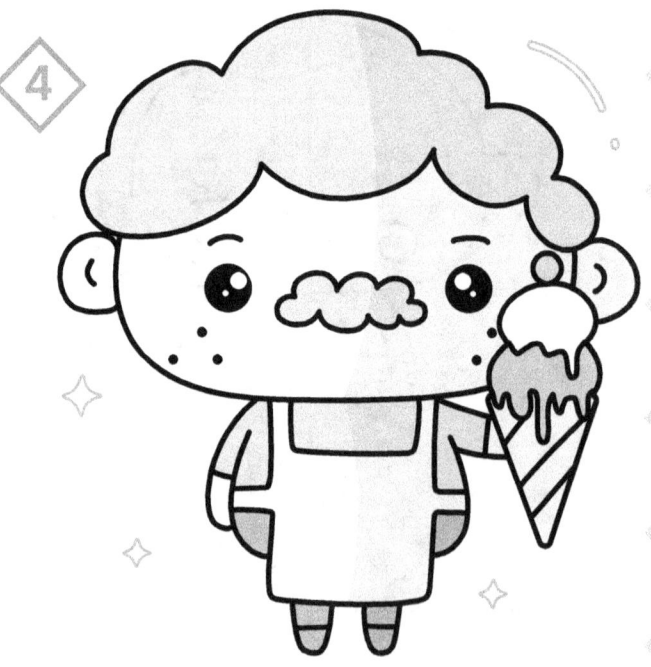

Colorate il gelato con il vostro gusto preferito

Il gelato
italiano è delizioso!

PRESIDENTE

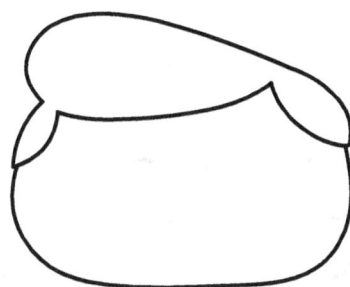

Disegnare un ovale di forma irregolare per creare i capelli

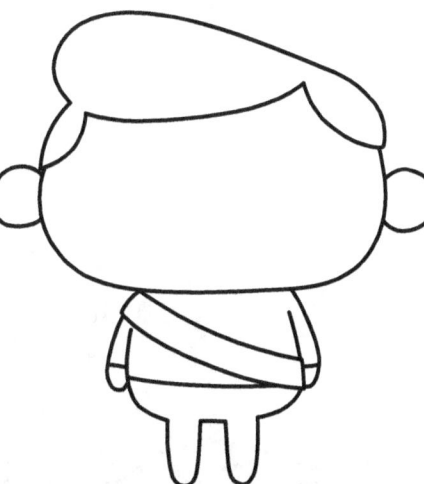

Ora il corpo e una fascia trasversale

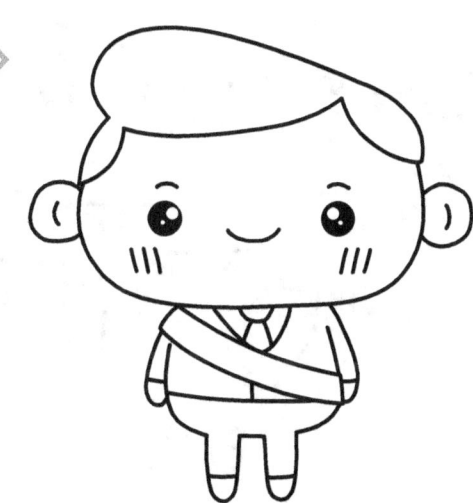

Disegnare i dettagli e una faccina sorridente

Rappresento il mio Paese nel mondo

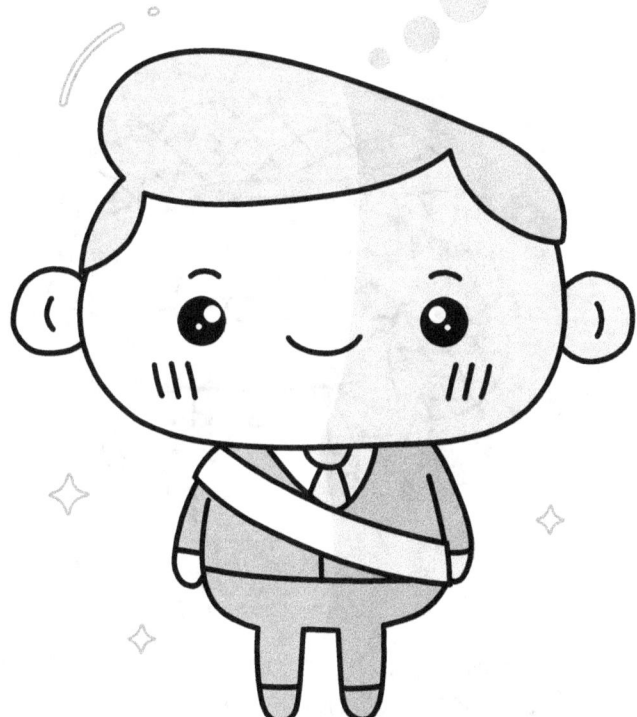

Coloriamo! Fate la fascia presidenziale con i colori del vostro Paese

MACELLAIO

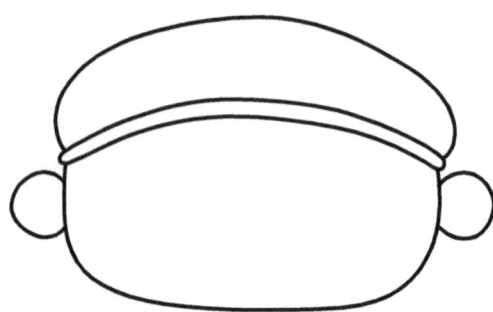

Iniziare con una testa tappata

I macellai indossano il grembiule

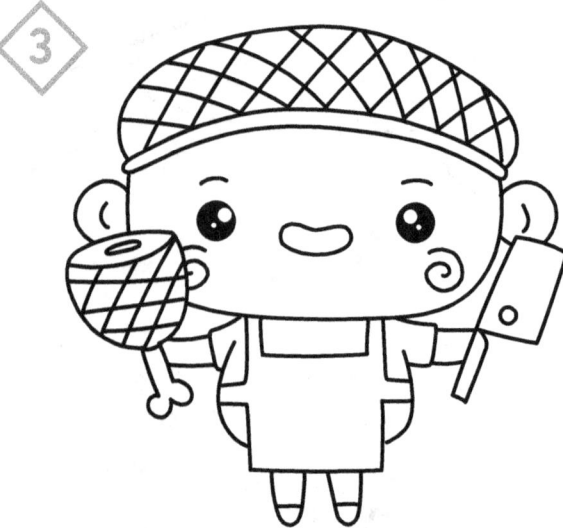

Un prosciutto, un coltello da macellaio
e tante linee incrociate

**Mangiare carne
ci rende forti**

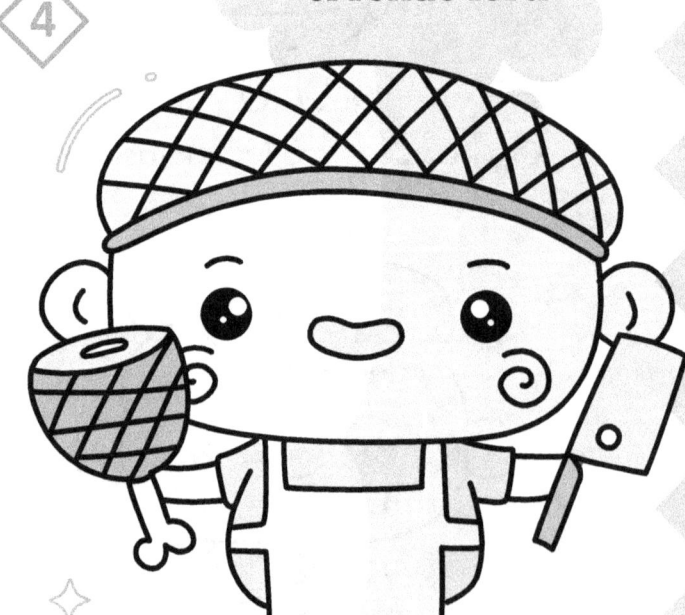

Coloriamo! Il prosciutto di solito è rosa
all'interno e marrone all'esterno

ASSISTENTE
DI VOLO

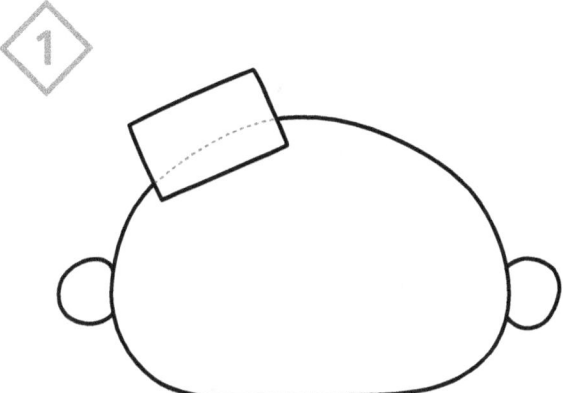

1

Disegnare la tipica testa con un quadrato in alto e su un lato

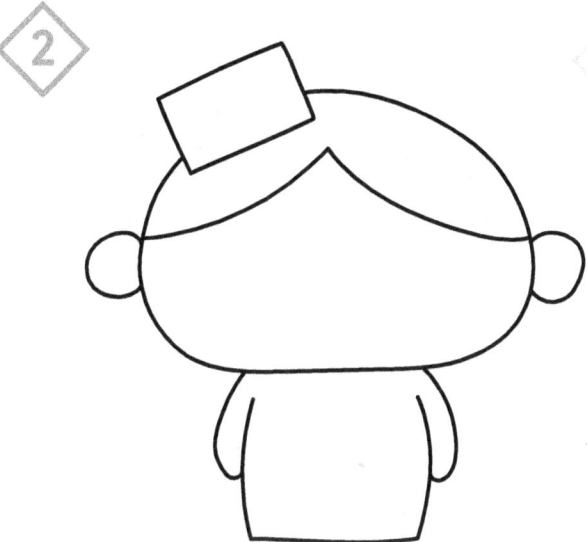

2

Ora la silhouette dell'uniforme in gonna

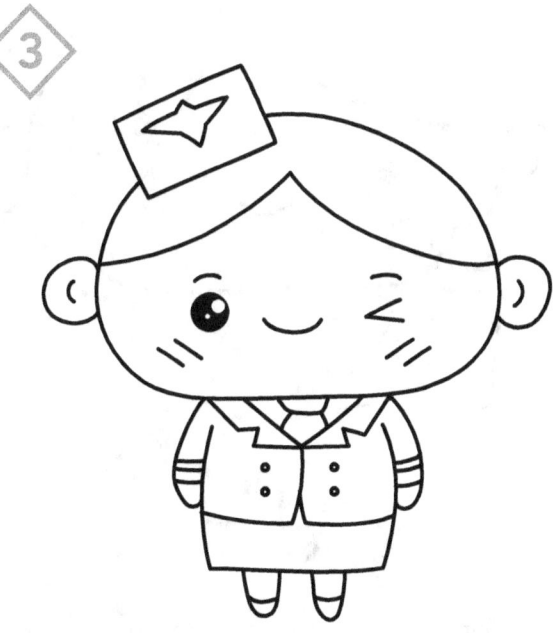

3

Aggiungete molti dettagli e una strizzatina d'occhio

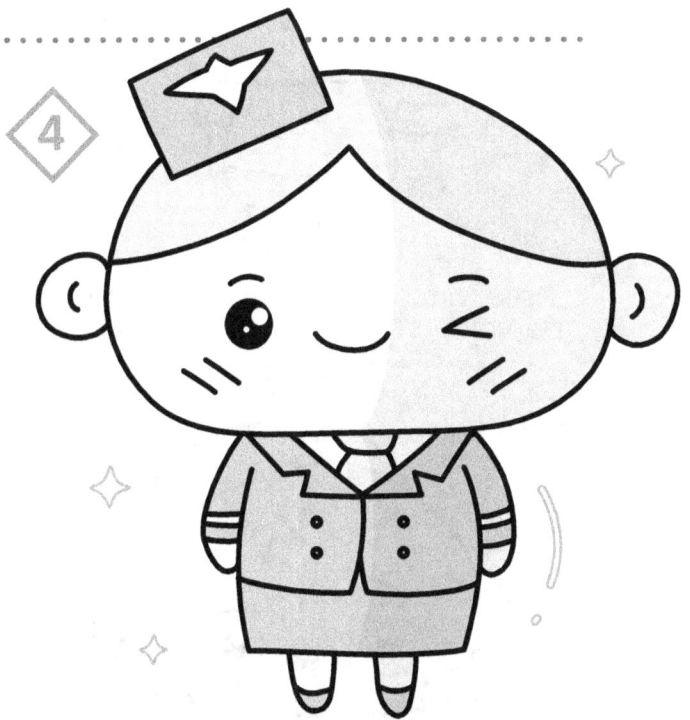

4

Il blu navy riflette serietà ed eleganza

Il vostro
viaggio sarà perfetto
con me

TATA

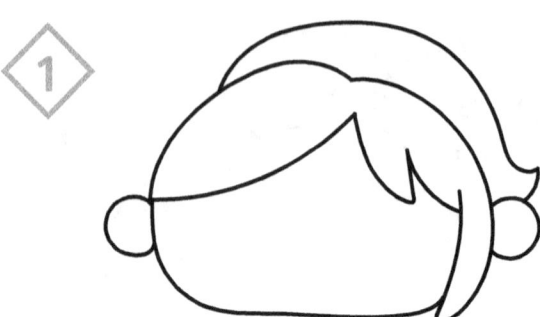

I capelli sono legati in una coda di cavallo

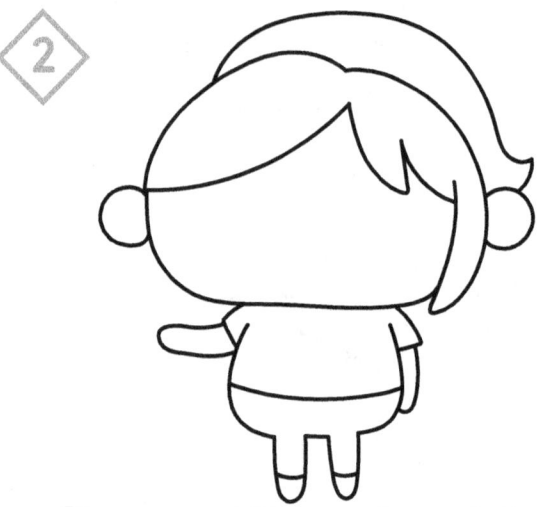

Disegnare abiti normali, maglietta e pantaloni

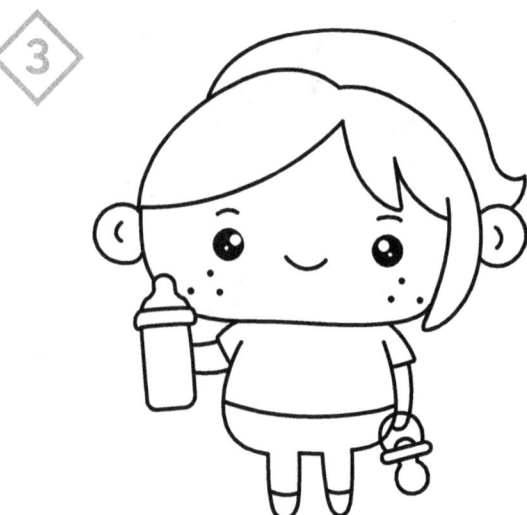

Aggiungete il biberon, il ciuccio e qualche innocente lentiggine

Assisto i bimbi grandi e piccoli

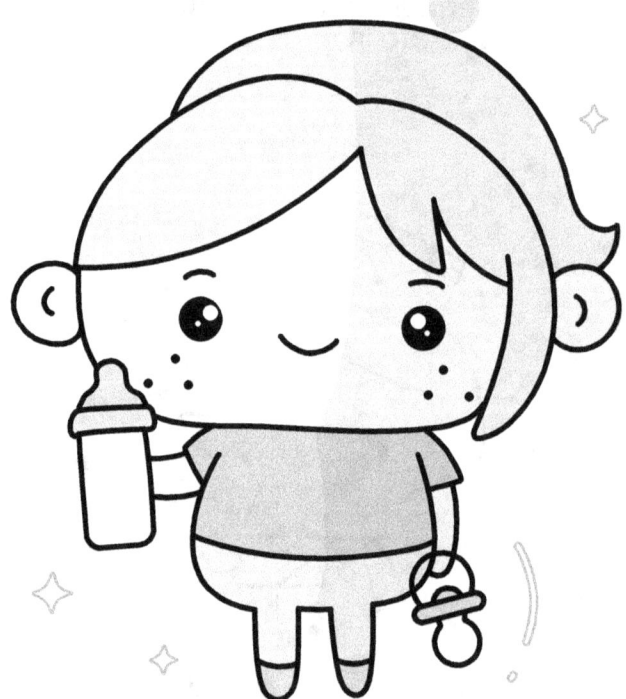

Consiglio di utilizzare colori pastello

DJ

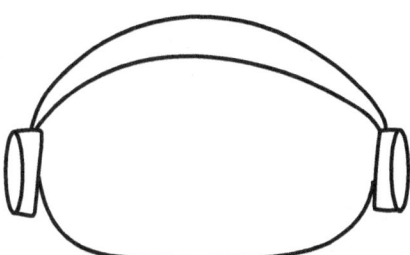

Iniziare con le curve per la testa e le cuffie

Capelli pazzi, braccia mobili e un rettangolo in prospettiva

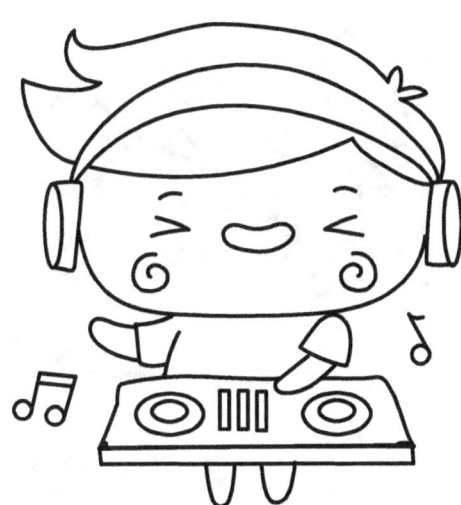

Aggiungere dischi e pulsanti per il mixer e alcune note musicali!

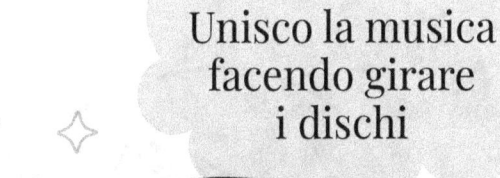

Unisco la musica facendo girare i dischi

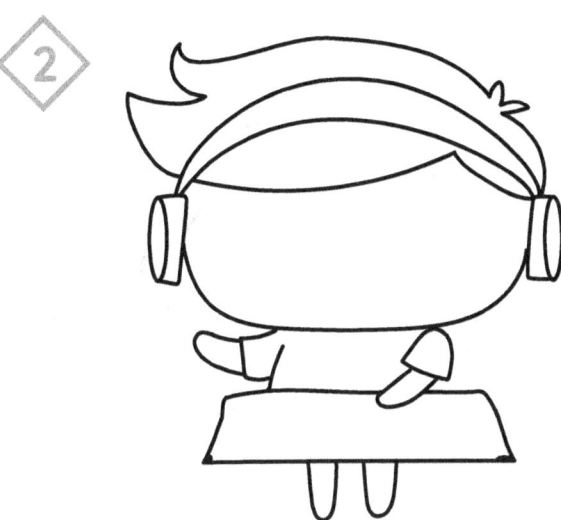

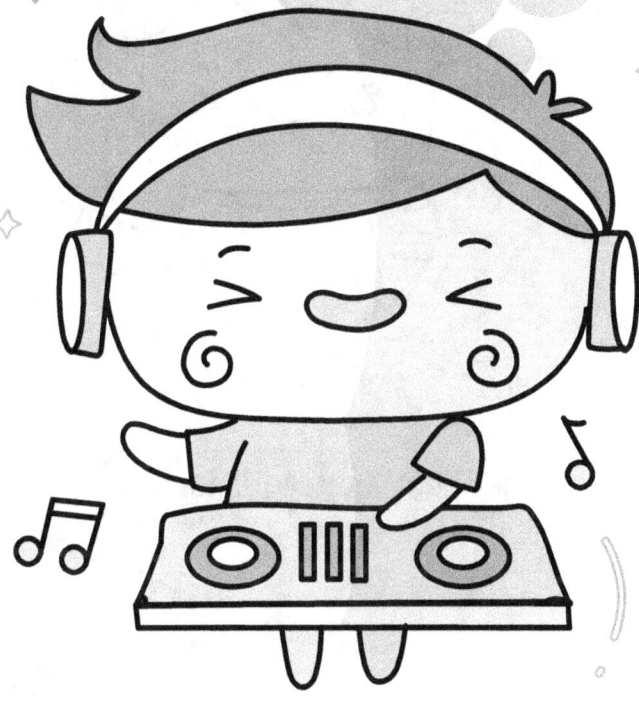

Coloriamo! Scegliete colori vivaci

TRUCCATRICE

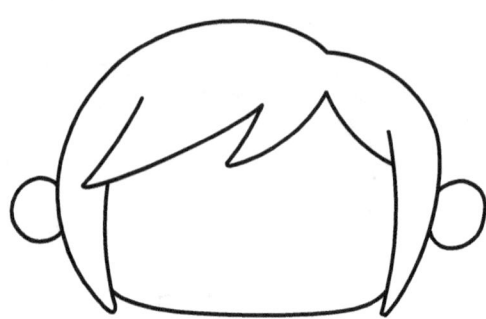

Disegnare una testa con frange moderne

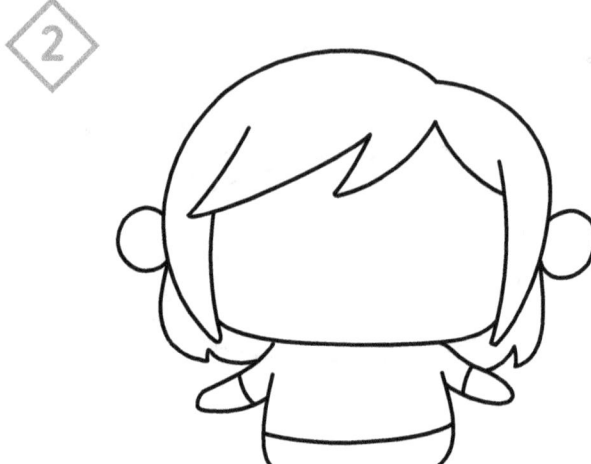

Continua con la silhouette del corpo e dei capelli

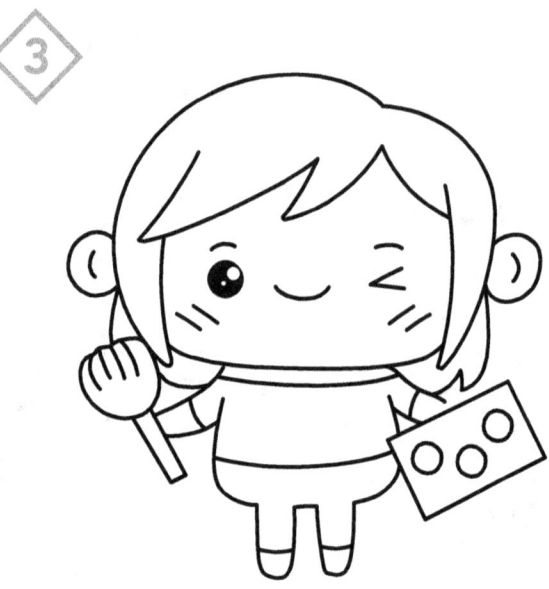

Aggiungere i dettagli! il trucco e il pennello

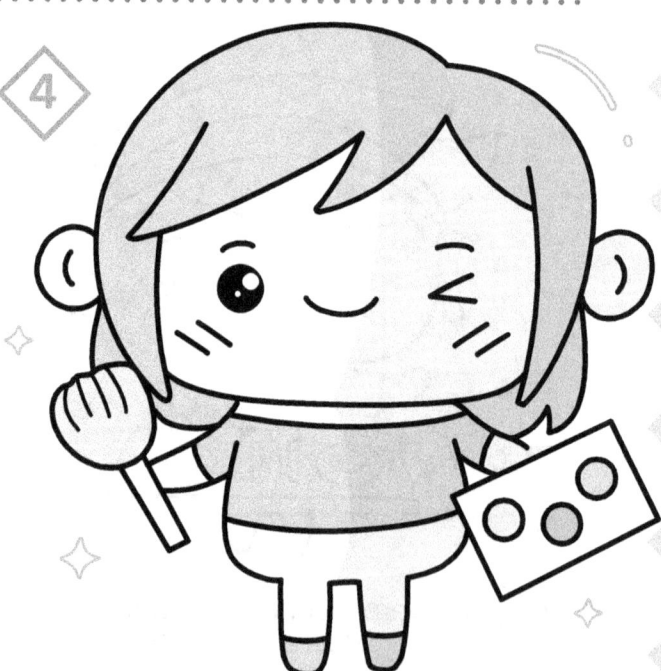

Ora non resta che colorare!

Esalto i tuoi tratti più belli

CONTABILE

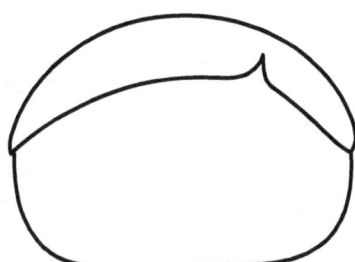

Crea una testa con un'acconciatura molto stretta

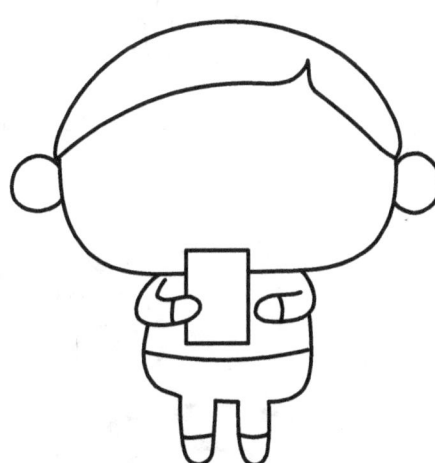

Disegnare il corpo con un rettangolo al centro

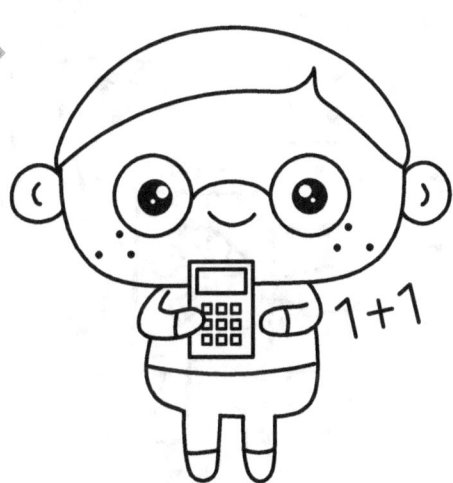

1 + 1? Scrivi l'equazione!

Quanto sono bravo con i numeri!

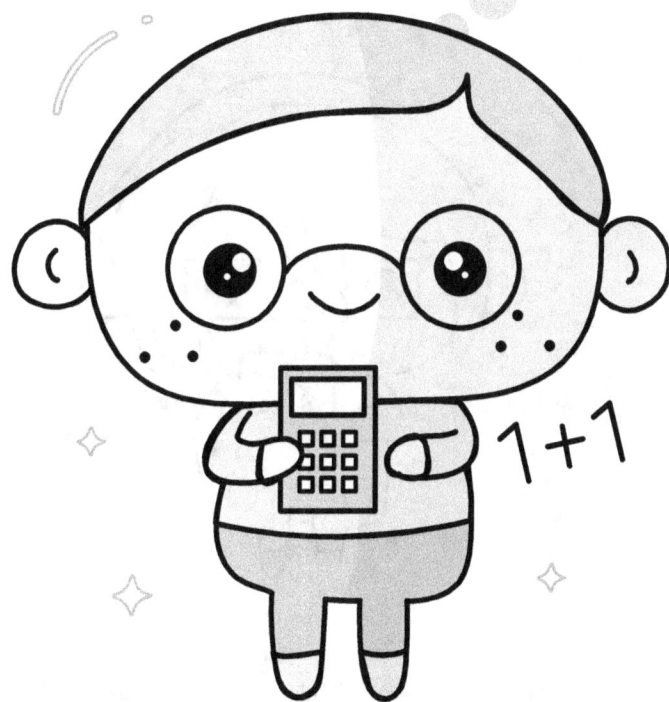

Coloriamo! Utilizzare colori discreti

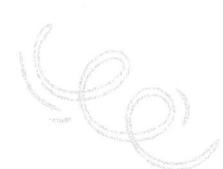

PSICOLOGA

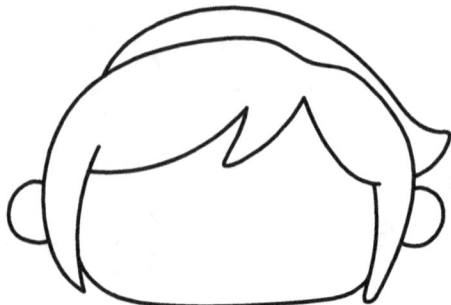

Crea il tuo personaggio con i capelli raccolti

Disegnare il camice e un rettangolo al centro che sarà un quaderno.

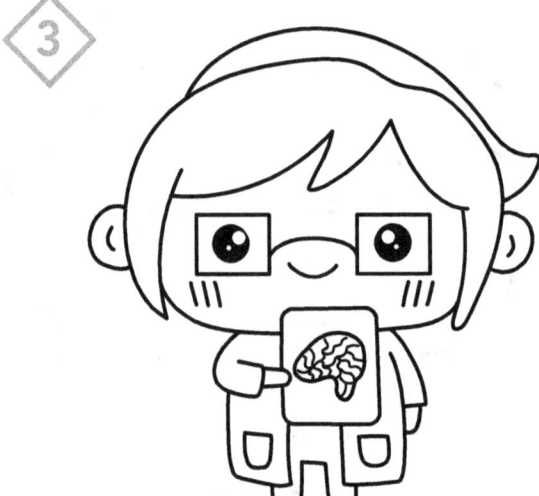

Illustrate un cervello o un cuore sul quaderno e aggiungete altri dettagli

Dimmi di più ...

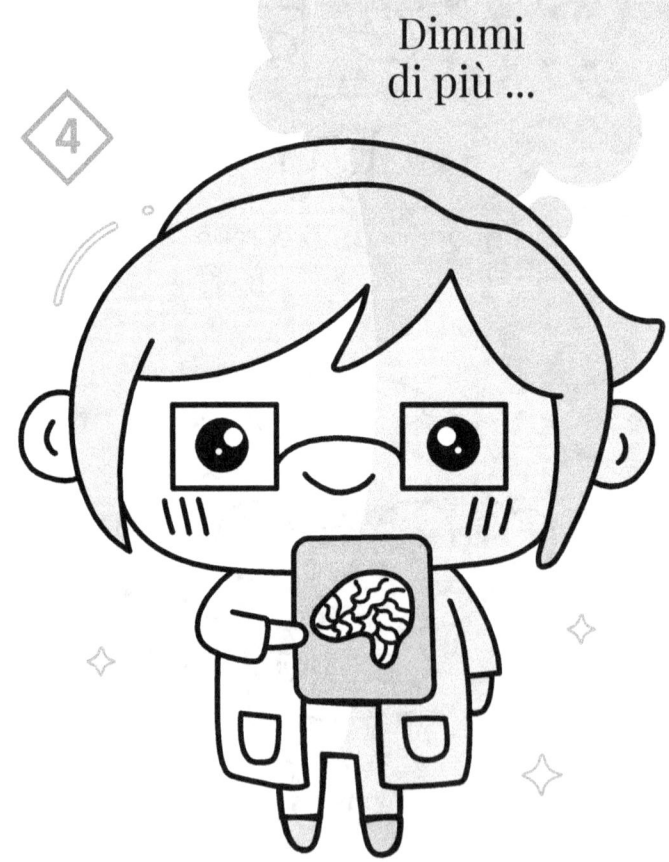

Coloriamo! Ricordate che il camice è bianco

CASSIERE

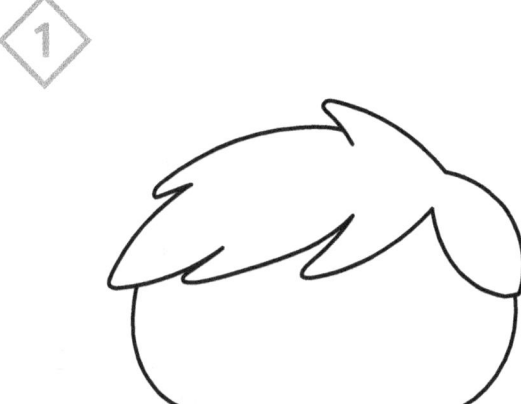

Creare una curva con capelli alla moda

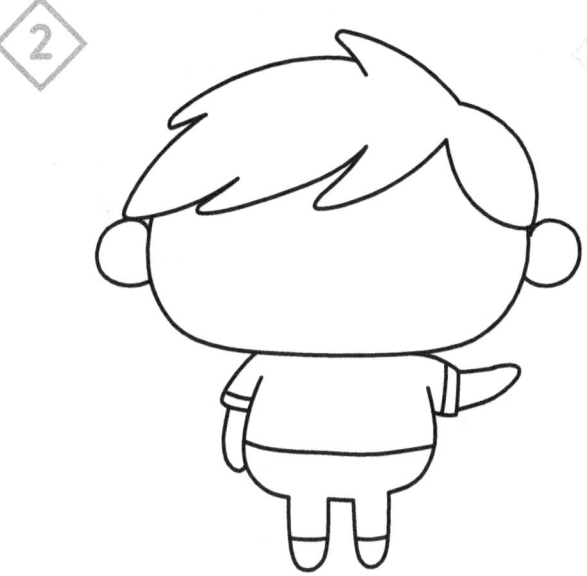

Ora il corpo con la camicia arrotolata

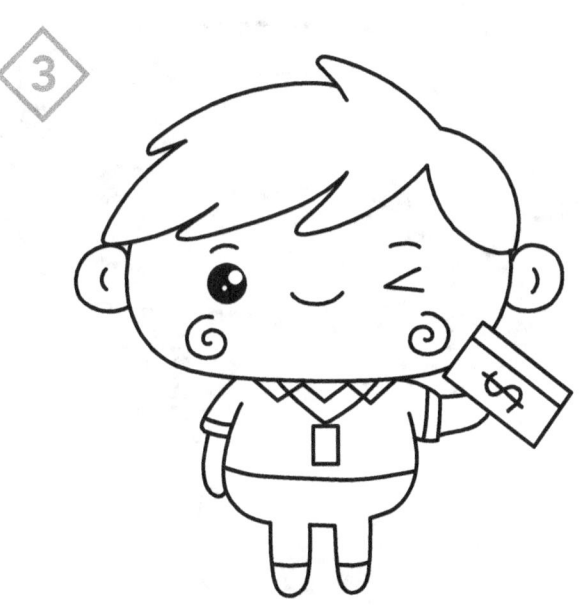

Aggiungi una tessera bancaria nella sua mano

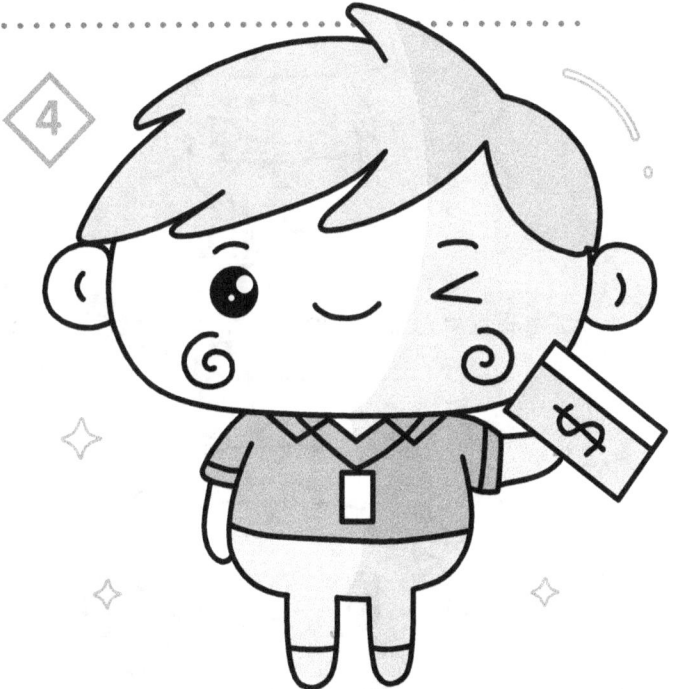

Coloriamo! Utilizzate i colori che preferite

Sono nei
negozi e nei
supermercati

ALPINISTA

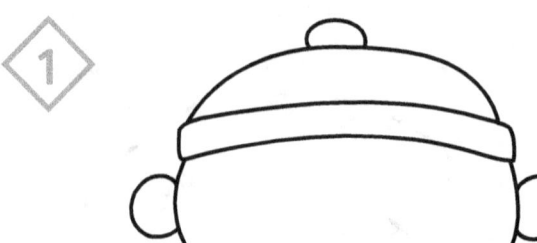

1. Disegnare una testa e un cappello con pom-pom

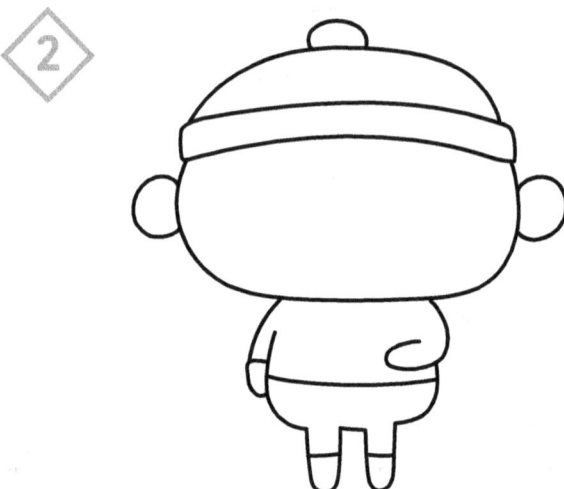

2. Fare il corpo con una mano verso l'interno

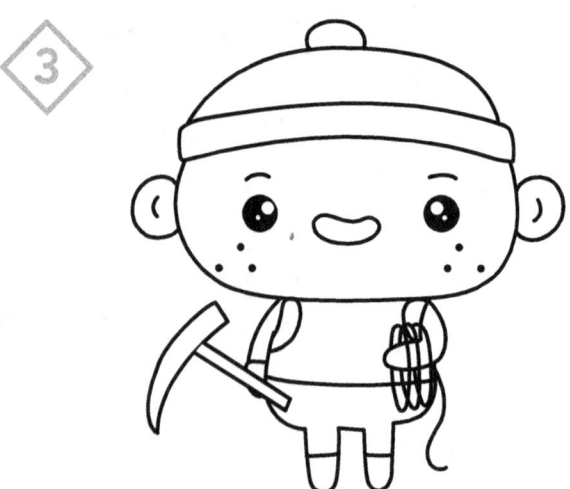

3. Aggiungere un piccone, una corda e gli spallacci dello zaino

Ogni montagna è una nuova sfida

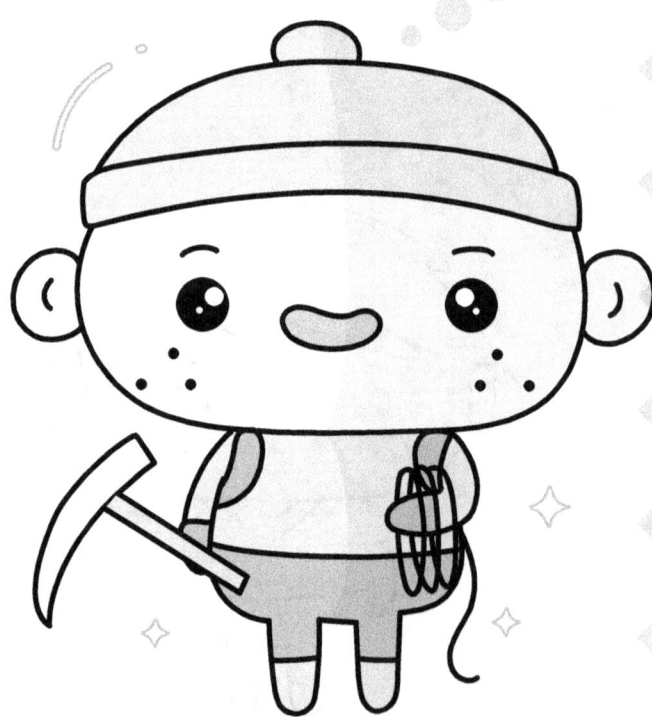

4. Utilizzate colori vivaci per essere visti dalla montagna

CENTRALINISTA

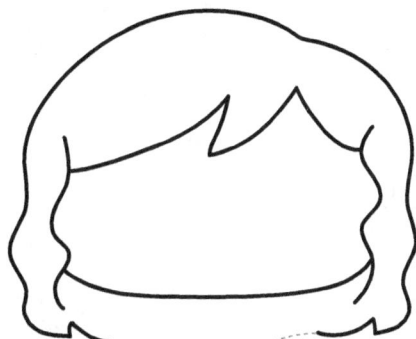

Disegnare i capelli con linee ondulate

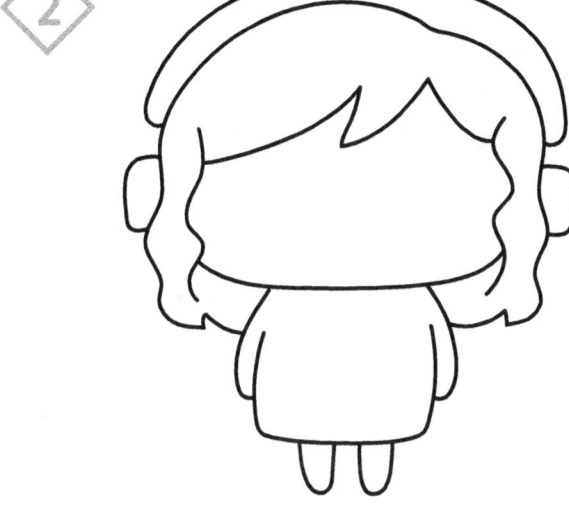

Iniziare il disegno degli apparecchi acustici

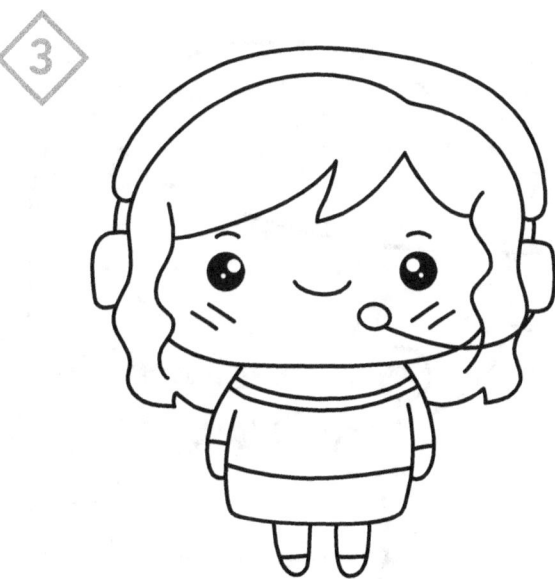

Disegnate la faccia e fatela sorridere!

Rispondo alle vostre domande al telefono

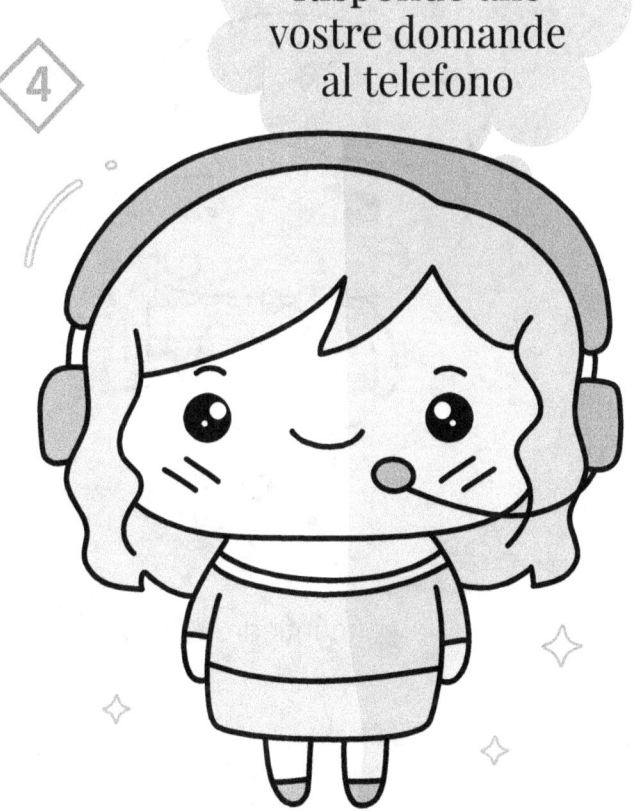

Coloriamo! Usate colori divertenti

ATTORE

1

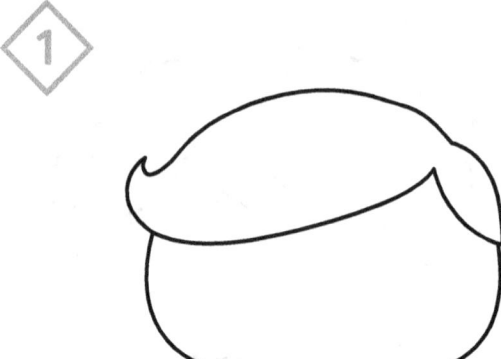

Disegna una testa riccia

2

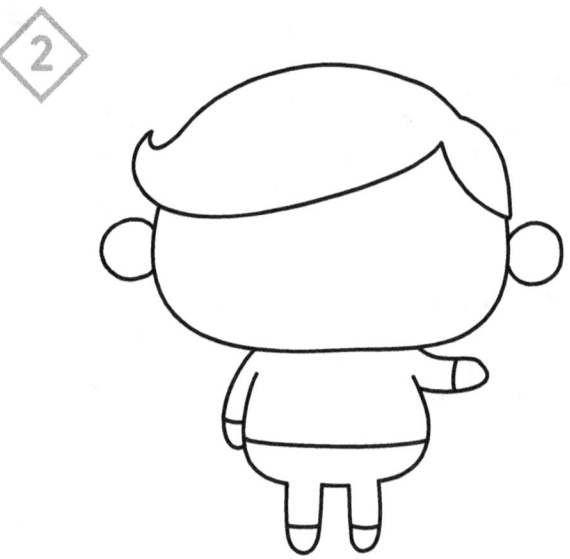

Realizzare la silhouette di un corpo arrotondato

3

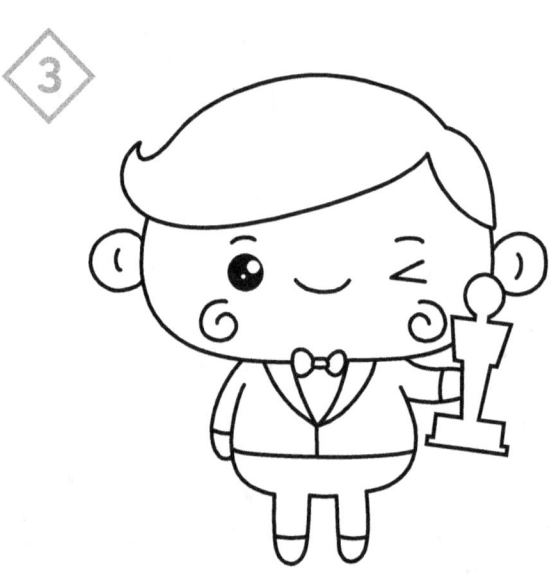

Non dimenticare l'Oscar!

4

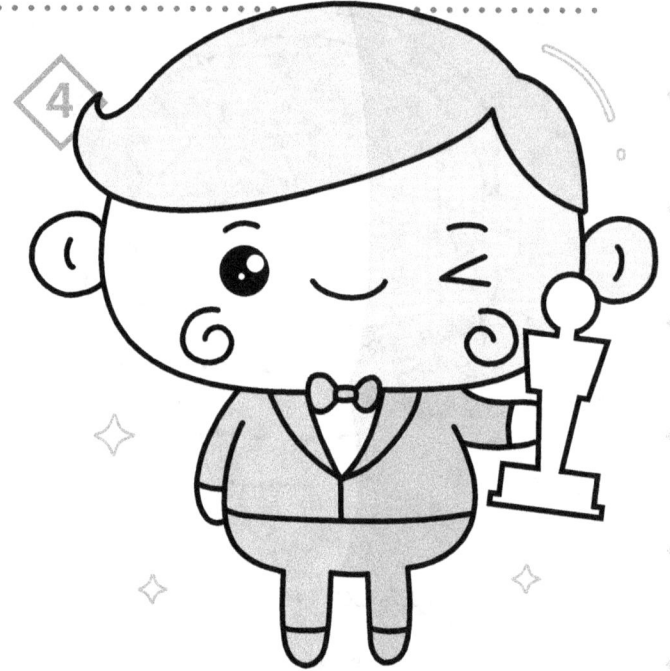

Colora la statuetta di giallo

Chi è il tuo
attore preferito?

FIORISTA

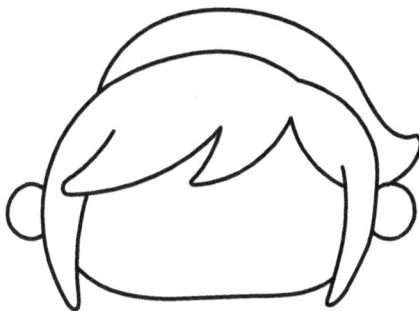

Disegnare una testa con frangia e coda di cavallo

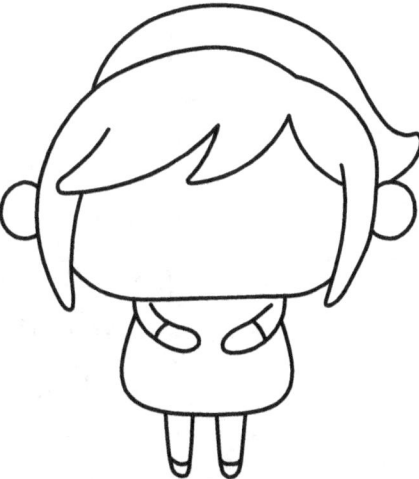

Ora il corpo con le mani verso l'interno

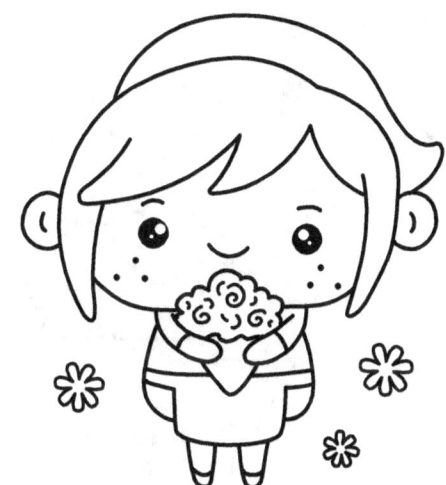

Aggiungete un bel mazzo di fiori e qualche altro fiore in giro

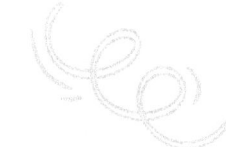

Amo il mio lavoro!

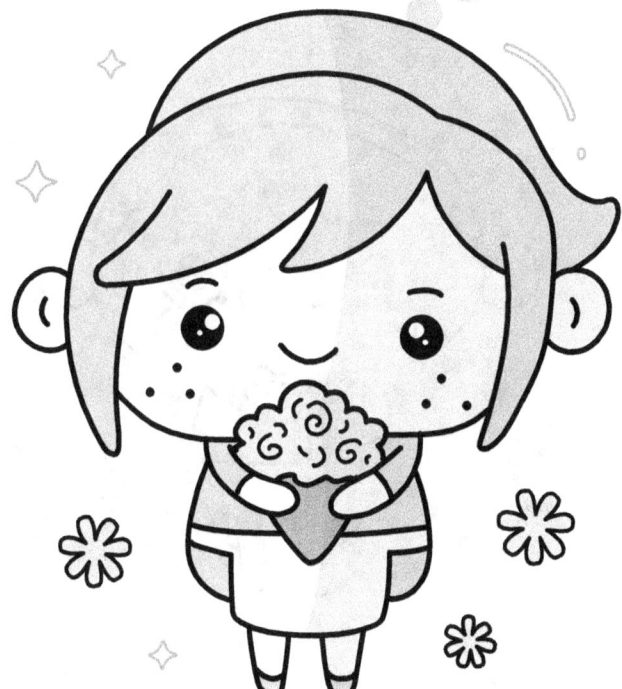

Scegliete colori floreali: gialli, viola, blu ...

MAGGIORDOMO

1

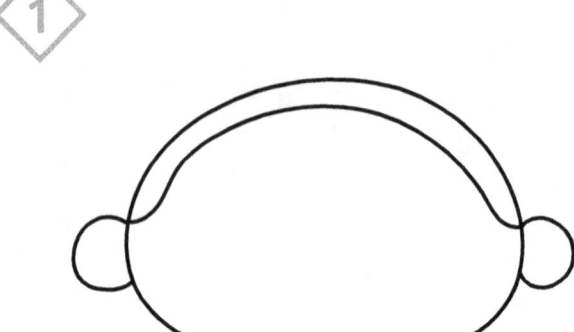

Disegna un cerchio appiattito
con capelli pettinati

2

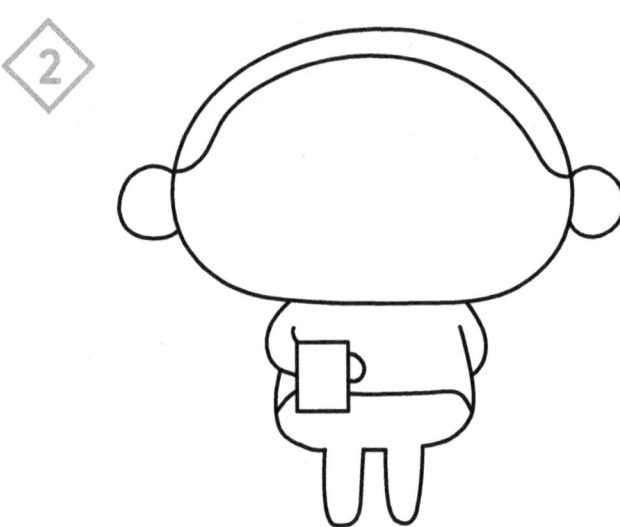

Disegnare il corpo tenendo in mano un
rettangolo, che sarà il fazzoletto

3

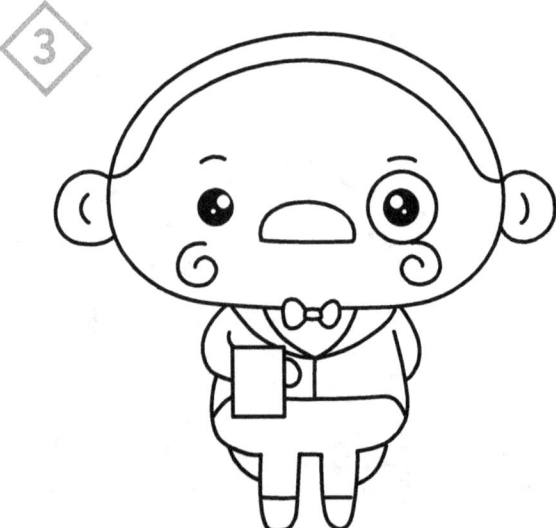

Ora i dettagli dell'abito, del papillon,
dei baffi e del monocolo

4

Sono discreto,
attento e
affidabile

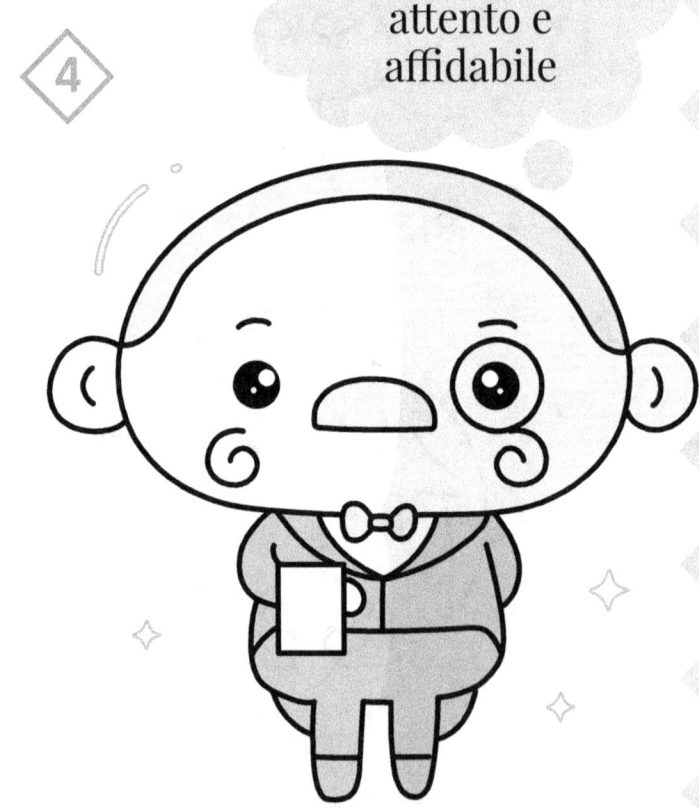

Colorare l'abito con un colore scuro
ed elegante

FATTORINO

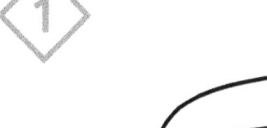
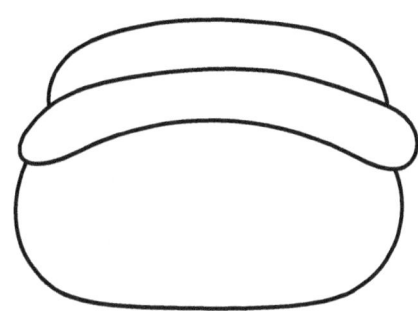

Disegnare 3 forme appiattite e
arrotondate

Ora la silhouette del corpo con un
braccio teso

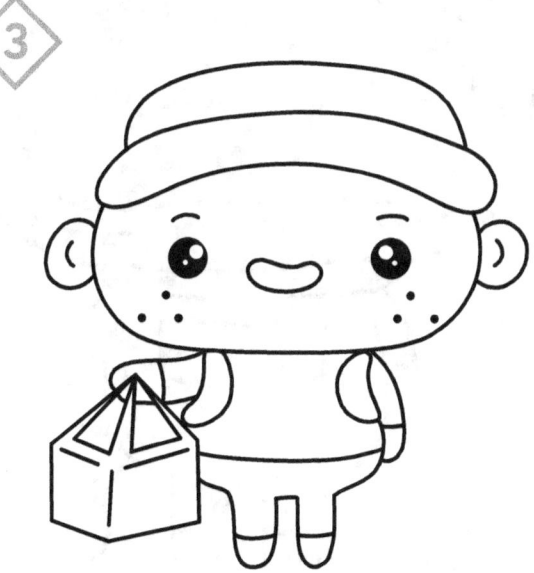
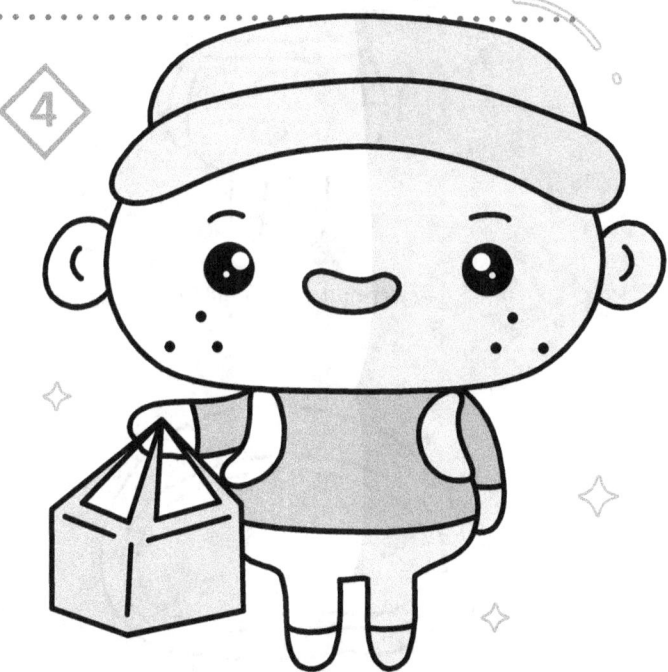

Aggiungere un grande zaino nella
mano preso per le maniglie

Coloriamo! Scegliete i colori che volete

Cibo cinese
o indiano?

SUB

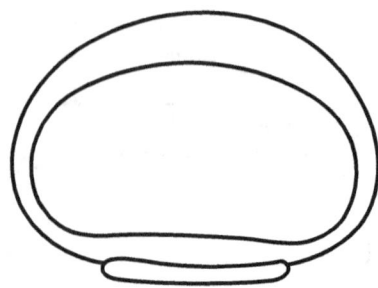

Disegnare 2 cerchi schiacciati

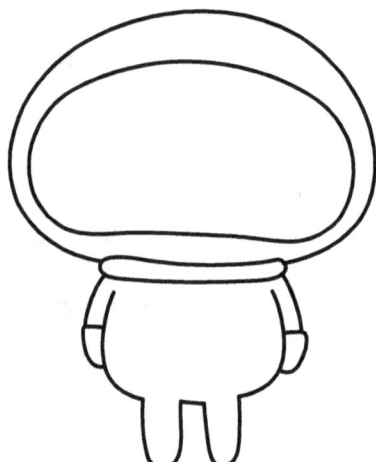

Forma il resto del corpo

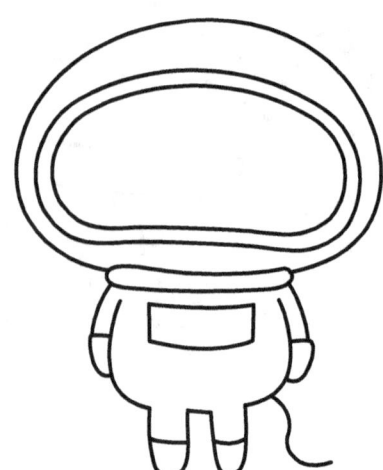

Aggiungere più dettagli! Gli occhi non sono visibili

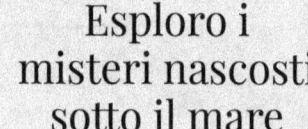

Esploro i misteri nascosti sotto il mare

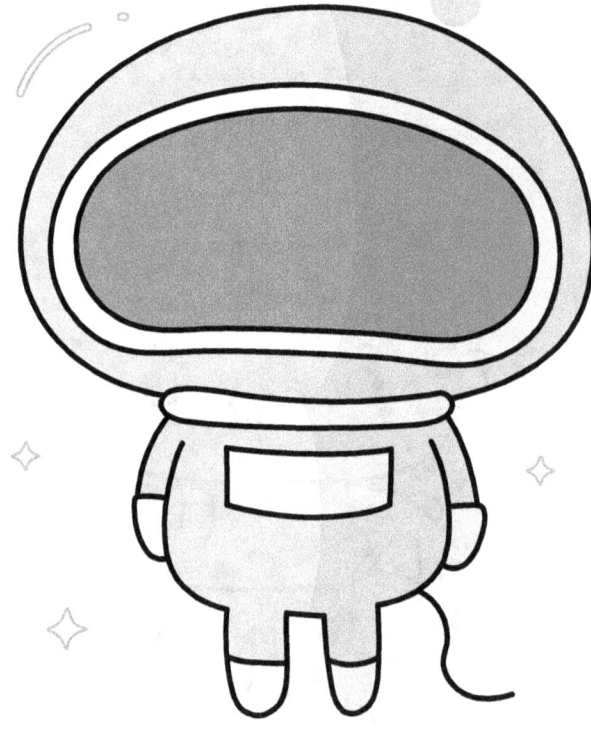

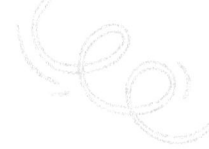

Che ne dite di un giallo?

OPERATORE
VIDEO

1

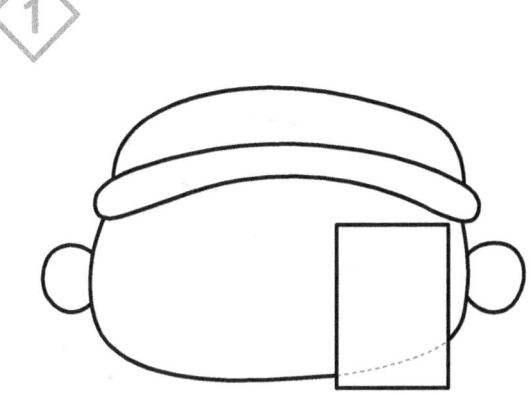

Creare la testa. Il quadrato sarà la telecamera

2

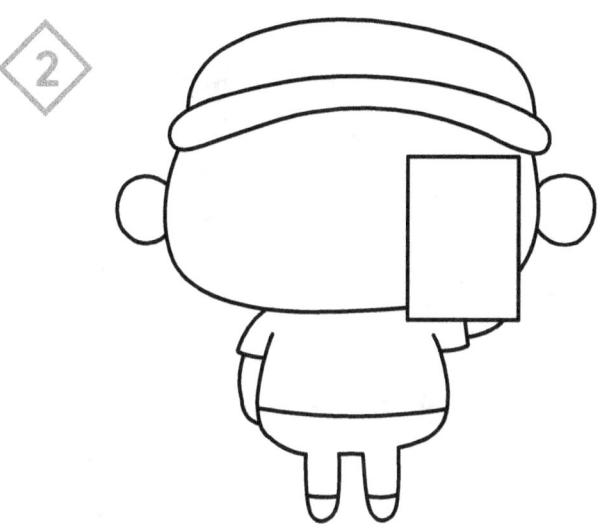

Continua sotto, tutto il corpo

3

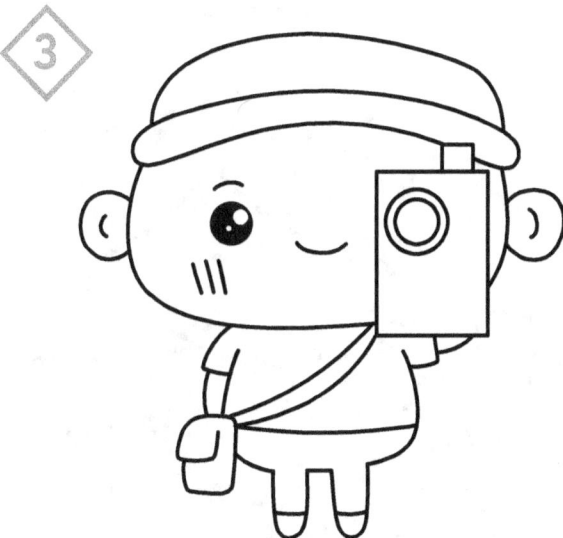

Rifinite i dettagli della video camera e della borsa a tracolla

4

Riprendo le scene di un film

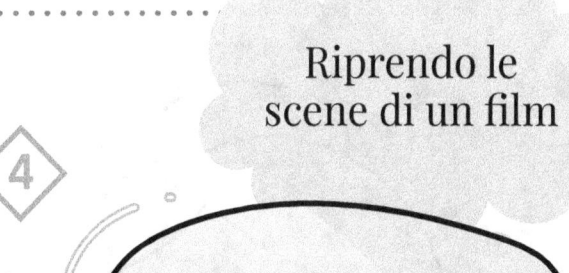

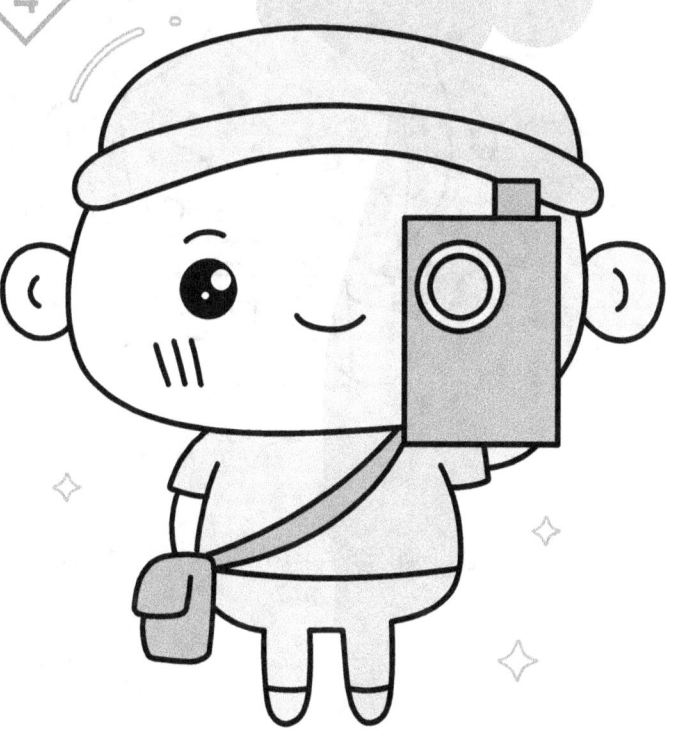

E se colorassi la fotocamera di nero?

SARTA

1

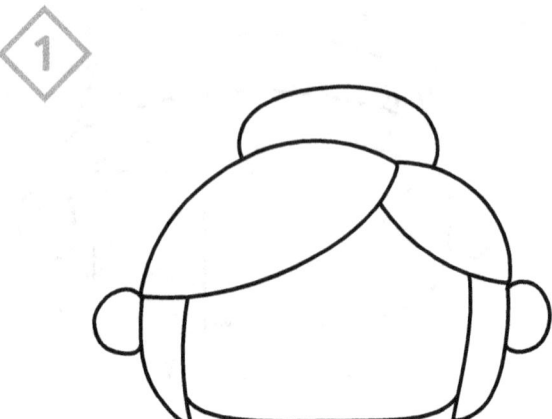

Disegnare il personaggio con i capelli
tirati indietro in un grande chignon

2

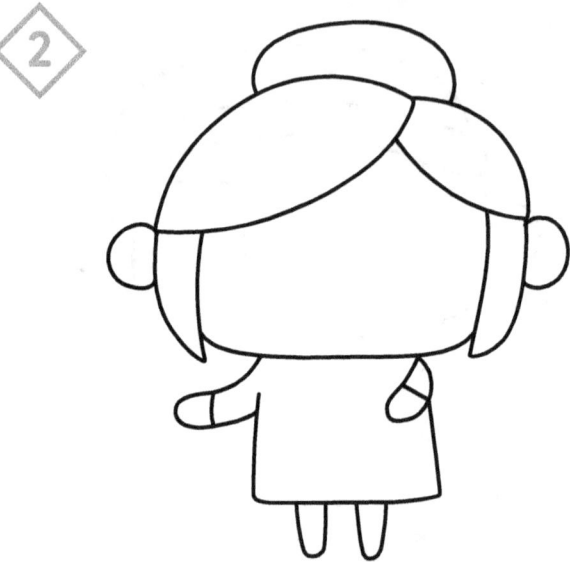

Ora un vestito e delle braccia

3

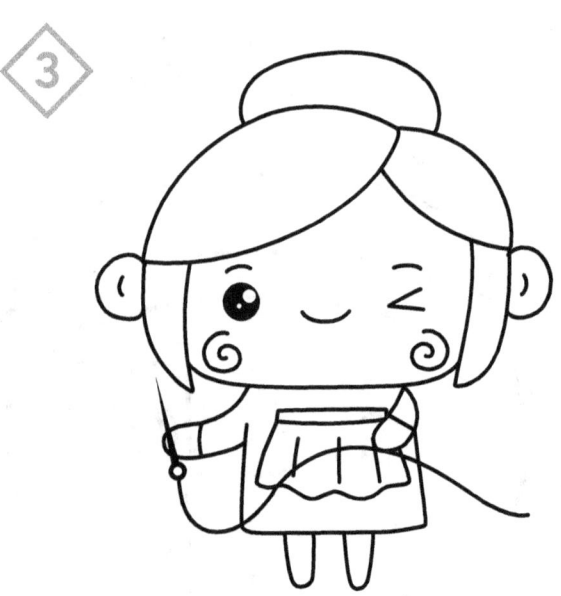

Dettagli come il grembiule, l'ago e il filo

4

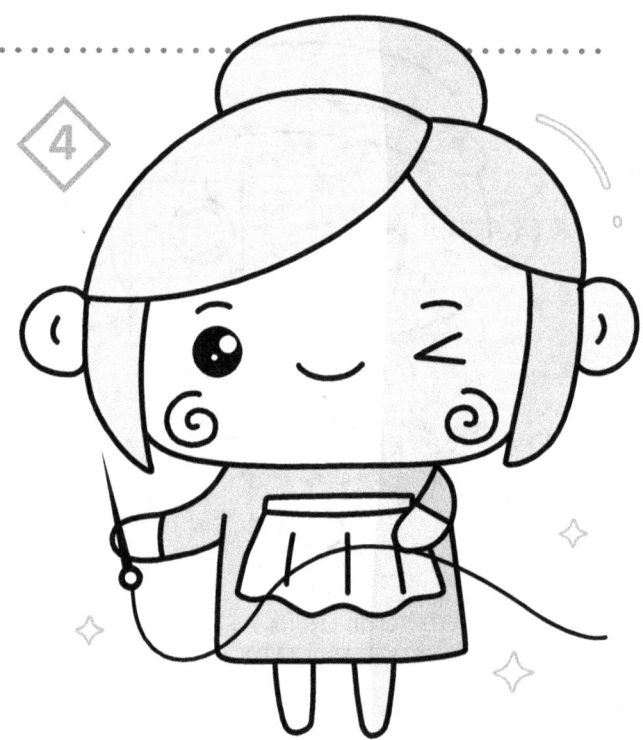

Coloriamo! Che colore vorresti usare?

Filo, ago e
tanta pazienza

ANIMATORE
DI SPETTACOLI

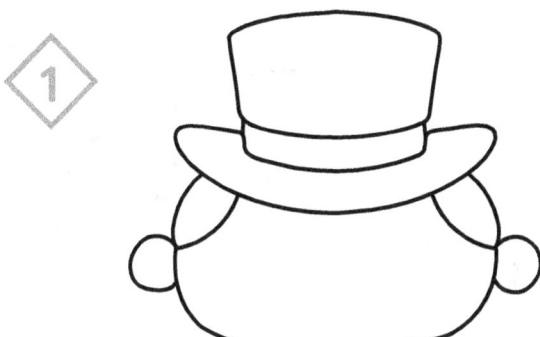

Disegnare un cappello a cilindro

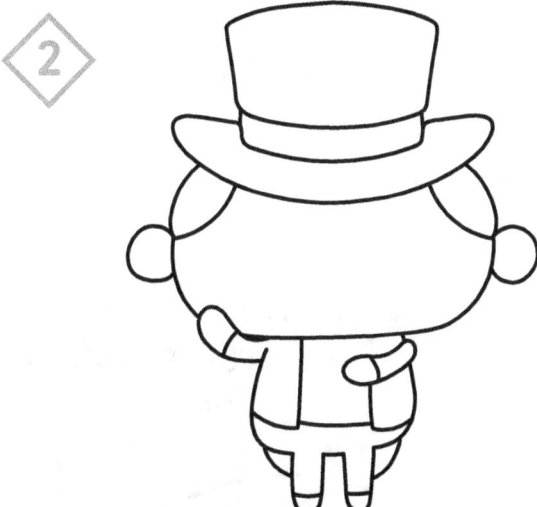

Vestitelo con una giacca da sera con una lunga coda

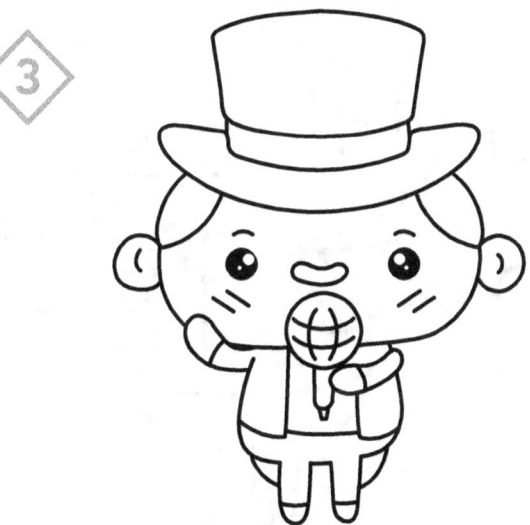

È un animatore. Manca il microfono!

Lo spettacolo deve continuare

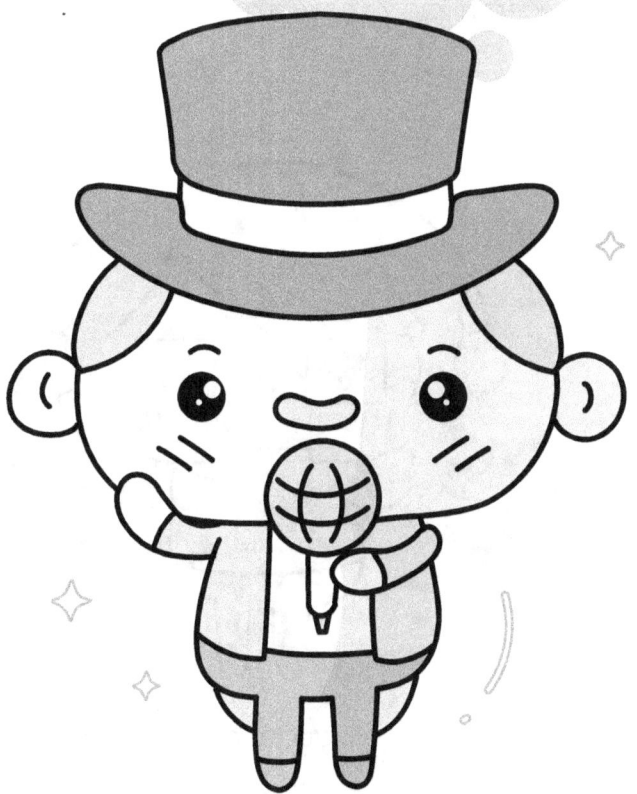

Scegliete colori luminosi e magici

ORGANIZZATRICE
DI EVENTI

1

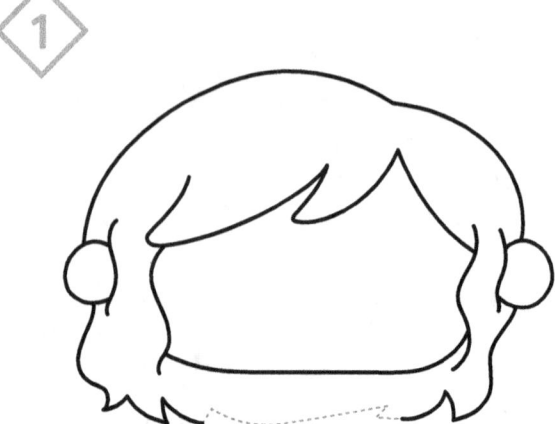

Iniziare con i capelli, la testa e 2 piccoli cerchi per le orecchie

2

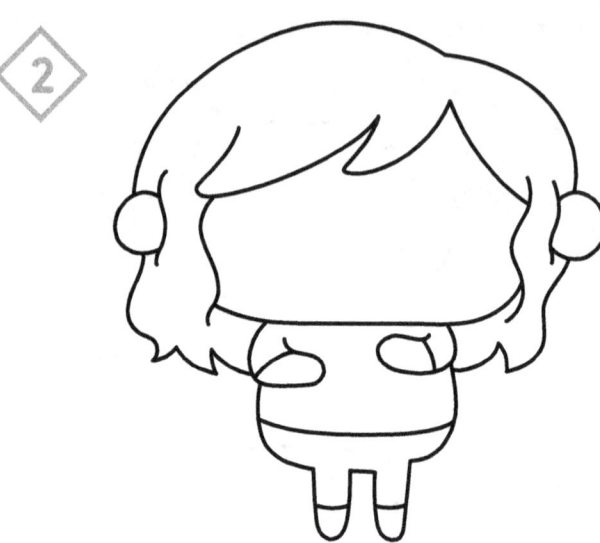

Continuare con il corpo con le mani verso l'interno

3

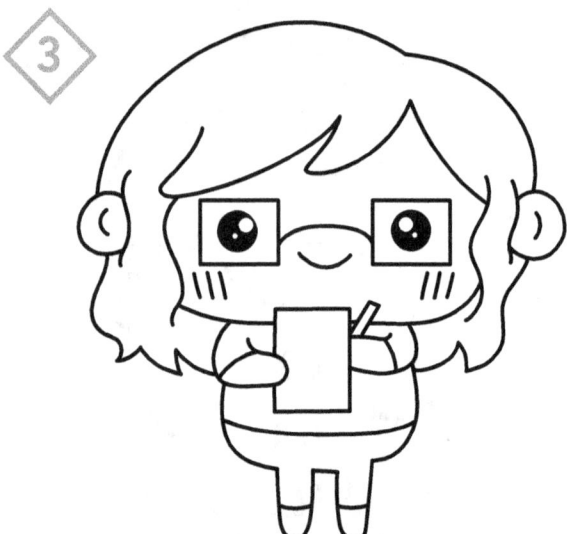

Mancano il quaderno e la penna

4

Tutto deve andare secondo i piani

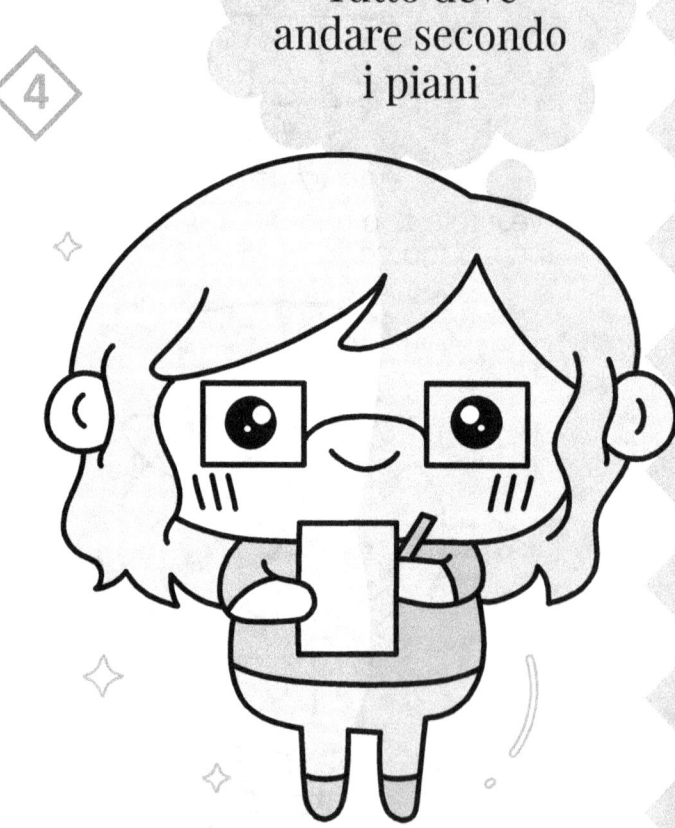

Consiglio di utilizzare colori discreti

BODY **BUILDER**

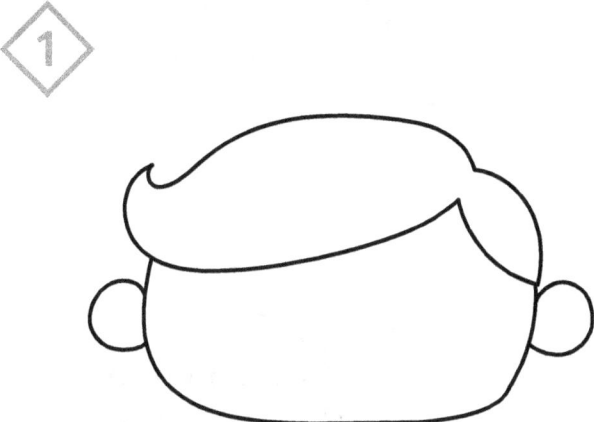

1 — Creare una testa con capelli

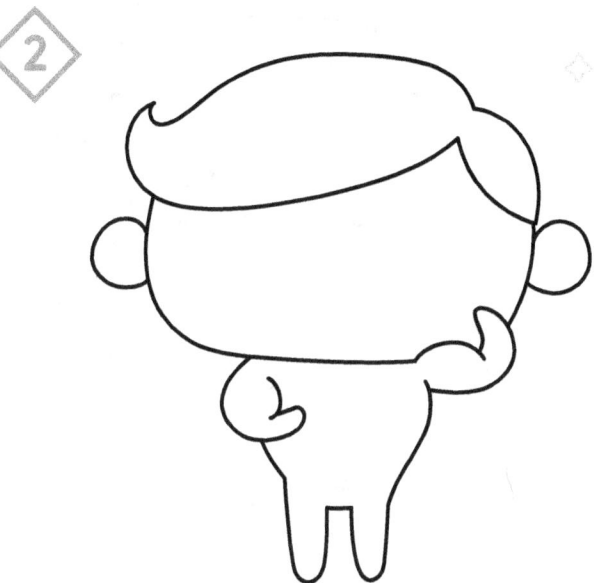

2 — Disegnare un corpo con un busto forte e muscoloso

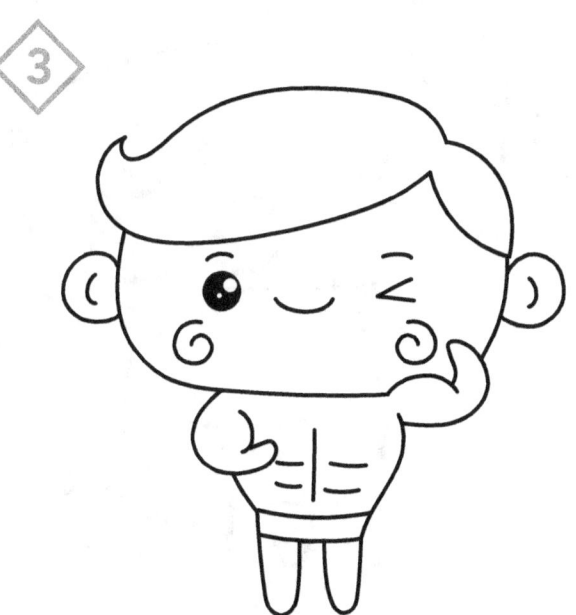

3 — Segnate i muscoli e fatelo sorridere!

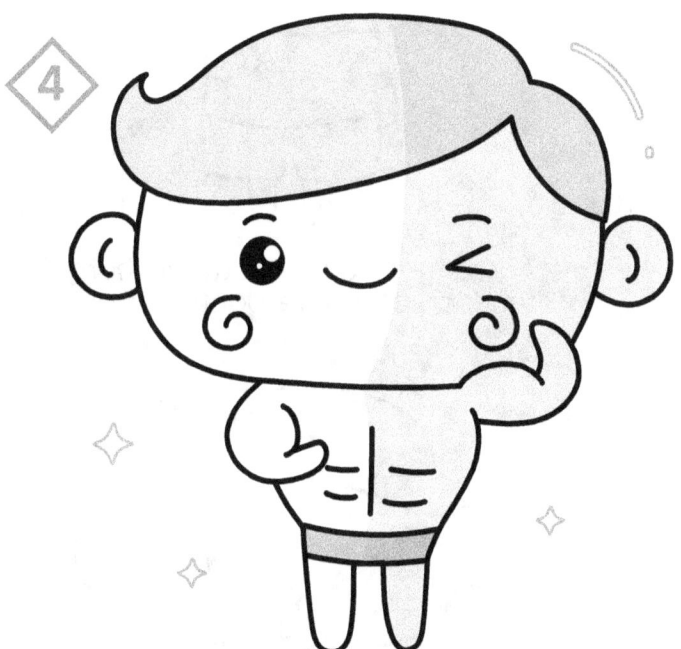

4 — Quale tonalità di colore carne intendi utilizzare?

Dedico molte
ore all'allenamento

ALLENATORE

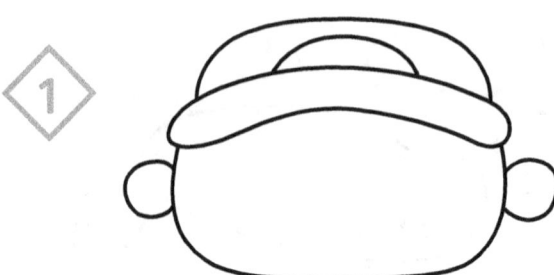

1 Disegnare forme rotonde per la testa, le orecchie e il cappello

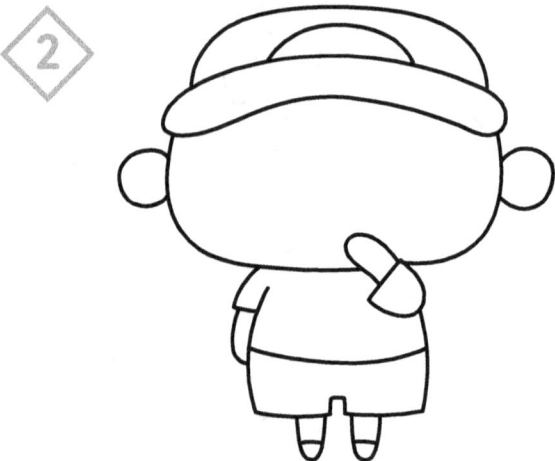

2 Aggiungere la silhouette del corpo tenendo conto dei pantaloncini

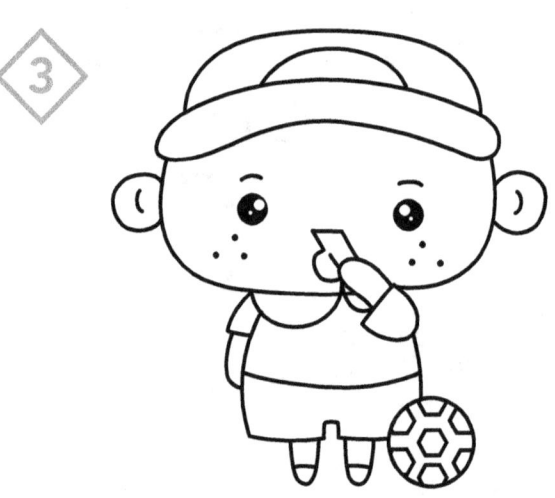

3 Ora mancano solo un fischietto e, ad esempio, un pallone da calcio

4

Guido la mia squadra verso i suoi obiettivi

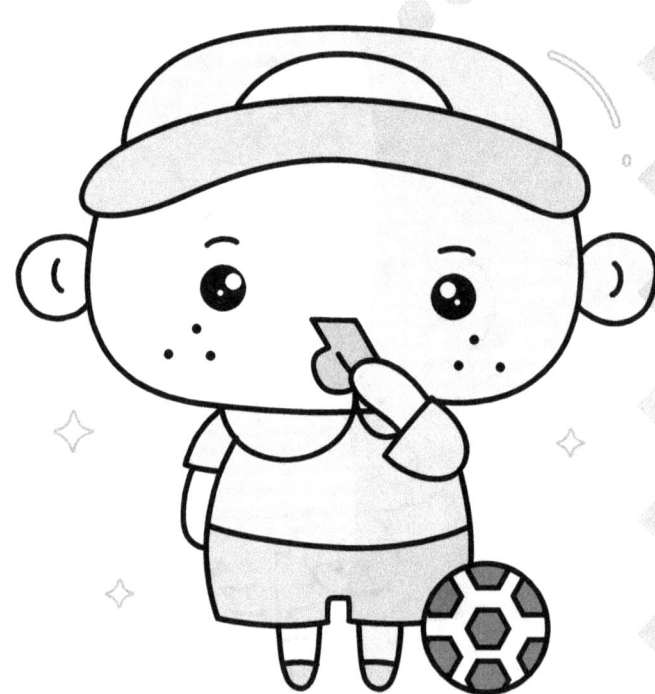

Potete colorarlo con colori vivaci!

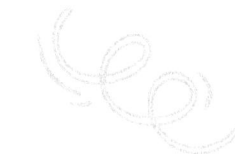

SUPER BONUS!
IMPARARE A DISEGNARE FACCE KAWAII

I volti dei nostri disegni kawaii sono l'elemento più importante per dare tenerezza ed espressività ai nostri disegni. Lo stesso personaggio può cambiare completamente, modificando la sua espressione: gioia, paura, rabbia, sorpresa, tristezza ...

Nel prossimo capitolo vi insegnerò a disegnare le facce KAWAII. **Questo capitolo è privato e riservato ai miei artisti più fedeli**. Quindi, se avete 30 secondi, ci piacerebbe leggere le vostre impressioni su questo libro su Amazon.

GRAZIE **Per lasciare una recensione**, scansionare questo QR con la fotocamera del cellulare. La pagina per lasciare la recensione apparirà nel browser.

C'è qualcosa che non vi è piaciuto?

Prima di rilasciare una recensione negativa, dateci la possibilità di migliorare. Inviateci un'e-mail a: **ciao@happylittlebrains.com** e faremo del nostro meglio per migliorare :)

BONUS **Per ottenere il bonus**, scansionate questo QR, anche con la fotocamera del vostro cellulare e riceverete il ultimo capitolo in PDF.

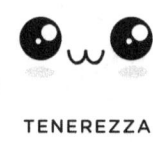

TENEREZZA

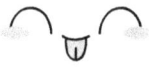

BRICCONE

RANCOROSO

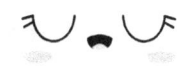

FIERO

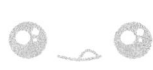

FAMELICO

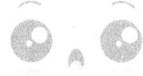

IMPAURITO

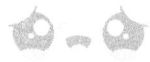

COMMOSSO

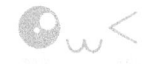

FARE L'OCCHIOLINO

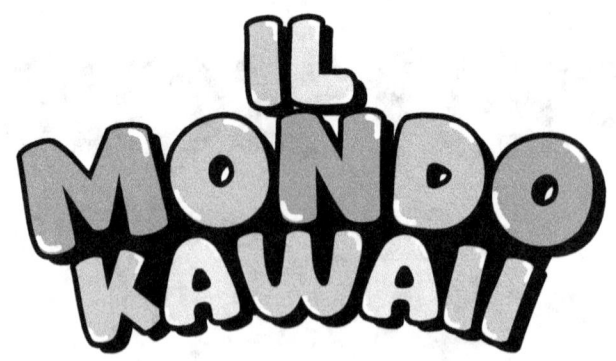

COMPLETA LA TUA COLLEZIONE

Diventa un artista!

Hai solo bisogno di una matita e seguire le istruzioni passo passo in ogni libro
Imparerai le basi del disegno kawaii, che enfatizza forme semplici e arrotondate; volti dagli occhi piccoli e dalle espressioni dolci; oltre a insegnare a personificare oggetti inanimati.

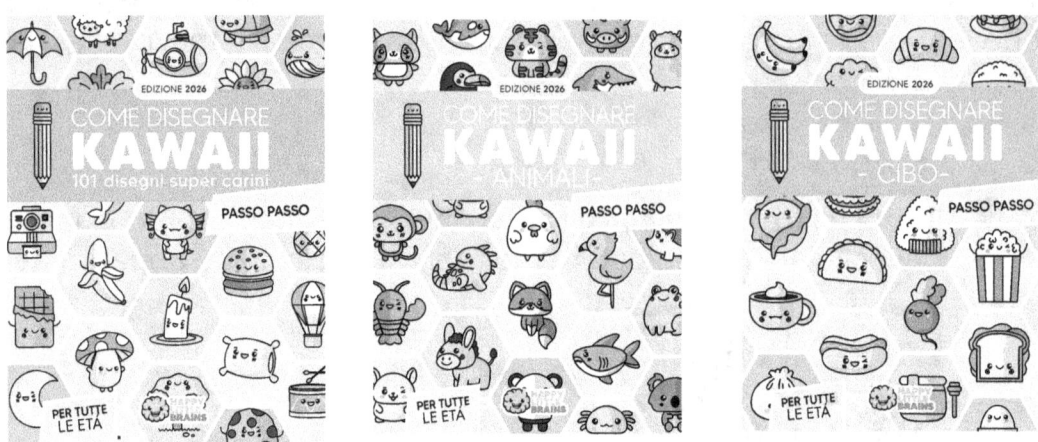

Impara a disegnare persone, animali, cibo... stile KAWAII! E' facile!

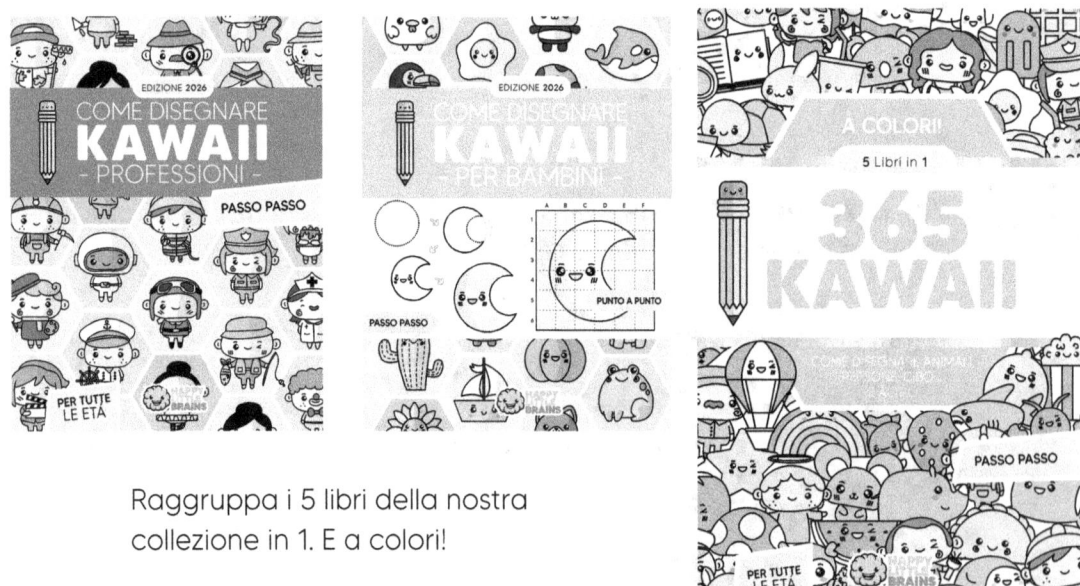

Raggruppa i 5 libri della nostra
collezione in 1. E a colori!

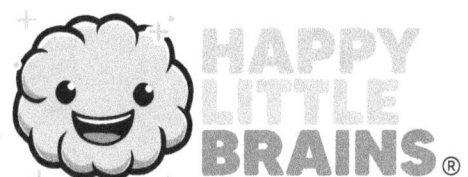

Trovaci su Amazon.it

| Libri ▾ | happy little brains | 🔍 |

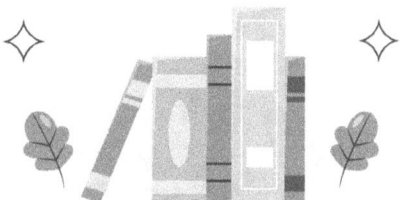